Karin Kirwa

Die Sache mit der Eitelkeit

AF285651

Buch

Eigentlich wäre es jetzt an der Zeit, mal ein Fettnäpfchen auszulassen. ☺ Aber warum eigentlich?

Nach dem Buch "Die Sache mit der Heckenschere", kommt nun endlich die Fortsetzung.

Kleine und große Katastrophen, die uns allen immer wieder passieren sind hier mit einem Augenzwinkern niedergeschrieben. Vieles wird Ihnen bekannt vorkommen.

Und nun lesen Sie und lachen Sie! Viel Spaß!

Autorin

Geboren in Berlin hat Karin Kirwa ihren typischen Humor über viele nicht ganz einfache Jahre hinweg unverdrossen bewahrt. Die Autorin lebt mit ihrem Hund nun an der Ostsee.

Erfolg als Schriftstellerin hatte sie bereits mit ihren humorvollen und spannenden Kinder-Geschichten von Bommel, dem kleinen Teddybär, die auch hier erschienen sind.

Karin Kirwa

Die Sache mit der Eitelkeit

Neue kurzweilige Geschichten
aus dem Leben der Karin K.

Für Petra

Besuchen Sie mich im Internet:

www.bommel-und-mehr.de

Umschlaggestaltung: K. K. Redaktion P. Z.

Herstellung und Verlag:

Books on Demand GmbH, Noderstedt

ISBN 978-3-84481996-0

Die Sache mit dem Keller

Meine Dekoration zu Weihnachten wird hier im Ort zu meiner Freude jedes Mal wirklich ehrlich bewundert. Allerdings gebe ich mir auch reichlich Mühe damit. Doch bekanntlich kommt nach der Mühe – oder vorher oder nachher, egal - der Schweiß. Nachdem ich in jenem Jahr mal wieder tagelang bei jeder sich bietenden Gelegenheit über den Mount Everest der abgeräumten Dekoration gestolpert war, blies ich nach eingehendem inneren – letzten - Kampf energisch zum Generalangriff.

Als Erstes, um die ganze Sache in Schwung zu bringen, holte ich den Besen, damit ich – nun ja - die Spinnweben vom Trimmrad entfernen konnte. Denn um dementsprechend körperlich gerüstet zu sein, wollte ich vor der eigentlichen Aktion ein bisschen was für meine Fitness tun. Weil ich aber immer ganz genau wissen muss, wie viel und wie schnell ich fahre und ich außerdem den exakten Kalorienverbrauch ermitteln will, ganz zu schweigen von meinem Puls (nicht, dass ich da plötzlich mit Herzrasen und Sternchen vor den Augen runterplumpse), programmierte ich den Trimmrad-Computer. Ich strampelte schon eine Weile fleißig, bis mir auffiel, dass sich der Computer in düsteres Schweigen hüllte, nämlich bei allen Positionen desinteressiert auf Null stehen geblieben war. Die Batterien waren leer! Es ist doch wirklich wie verhext: Jedes Mal, wenn man mal etwas für seine Gesundheit tun will, wird einem das fast unmöglich gemacht. Da steckt doch sicher System dahinter.

Also wieder runter vom Trimmrad, über den Mount Everest geklettert und Batterien gesucht. Ausnahmsweise lagen sie tatsächlich da, wo sie hingehörten, und ich konnte endlich vom Zählwerk überwacht weiterfahren. Dass ich vor lauter Fitness-Eifer die Klappe vom Batteriefach abgebrochen hatte, sei nur am Rande erwähnt. Wozu gibt es schließlich Tesafilm.

Ich hatte mir so an die 20 Kilometer geleistete Strecke vorgestellt, dabei aber völlig die Keks essende Ruhepause über Weihnachten vergessen. Was im Klartext hieß: Ich musste notgedrungenerweise nach nicht mal annähernd, ömmm, nun ja, verschwindend wenigen Kilometern wieder absteigen. Ich sag's Ihnen, es ist ein

Elend. Aber 14,9 Kalorien hatte ich verbraucht. Oder waren es doch stolze 15,2?

Den Keller habe ich noch aufgeräumt, wenigstens teilweise, und obendrein den guten Vorsatz gefasst, am nächsten Tag auf jeden Fall wieder auf das Trimmrad zu steigen. Hoffentlich kreuzt es auch tatsächlich meinen Weg - nicht, dass ich seine Existenz aus Versehen vergesse …

Die Sache mit dem Ausgang

Man wird älter, manchmal auch weiser, und man lernt, sich zu merken, wo man sein Auto hingestellt hat. O ja. Denn trotz gewissenhaften Studiums des Parkplatzes haben einige Städte seltsamerweise manches Rätsel in ihre Stadtplanung eingebaut.

Eines Tages hatte ich einen wichtigen Termin in Hannover, und die gute Olga (mein kluges Navigationsgerät) leitete mich einigermaßen problemlos zum Ziel. Ein Parkplatz auf der Straße war allerdings keiner sichtbar, jedoch ein Parkhaus. Jubilate. Glück muss man haben. Ich merkte mir die Etage und die Nummer des Platzes, hatte also alles berücksichtigt und war gut gerüstet. Zum Ort meines Termins waren es zudem nur ein paar Schritte, worüber ich mich ebenfalls freute.

Nach ungefähr einer Stunde kam ich zurück, fand mein Auto zwar nicht auf Anhieb - was ich eigentlich auch nicht wirklich erwartete -, doch nachdem ich ein paarmal im Kreis gelaufen war, stand mein Auto, o Wunder, plötzlich genau an der Stelle, an der ich es abgestellt hatte. Da konnte man doch echt frohlocken.

Schwungvoll setzte ich mich hinein, fuhr aus der Parklücke und strebte vergnügt dem Ausgang zu.

Nun saß ich zwar im glücklicherweise gefundenen Auto,
aber der Ausgang war unauffindbar, heißt, er hatte sich
schlicht verflüchtigt, ehrlich. Was selbstverständlich an
meinem gesunden Menschenverstand appellierte, denn
so etwas konnte es doch gar nicht geben! Nachdem ich
das dritte Mal an meinem ehemaligen Parkplatz vorbei-
gekommen war - wenigstens ein Erfolgserlebnis, wann
findet man schon auf Anhieb seinen alten Parkplatz
wieder? -, machte sich leichte Panik in mir breit.

Parkhäuser sind nicht so mein Ding. Dunkel und eng,
was kann einem da alles passieren. Da will man als
Frau immer gerne schnell wieder hinaus, ehe einem
jemand die noch restlich verbliebene Unschuld raubt.
Aber dumm herumzustehen brachte überhaupt nichts,
so fuhr ich noch zweimal an der Nummer 341 vorbei.
Das ging nun wirklich nicht mehr mit rechten Dingen zu.
Nirgends ein Schild "Ausgang". Die hatten das Parkhaus zugemauert. Anders war das nicht zu erklären.

Nun hat man ja meist im größten Unglück noch etwas
Glück, bei der nächsten Umrundung entdeckte ich ein

Auto, das gerade aus seiner Parklücke fuhr. Adlerauge sei wachsam. Dieses Auto kam aus Hannover, hatte Heimvorteil und wusste wahrscheinlich genau, wo es langging.

Flugs hängte ich mich an seine hintere Stoßstange und stieß dabei einen Seufzer der Erleichterung aus. Jetzt war ich gerettet. Aber wer auch immer in dem Auto saß, hatte beschlossen, dem Fahrer dieser großen Kiste hinter ihm mal zu zeigen, wo der Hammer hängt, und trat dermaßen aufs Gas, dass ich sofort vor meinem geistigen Auge den Nürburgring auftauchen sah. Gas geben, Kurve, Gas geben, Kurve, so rauschten wir durch das Parkhaus. Dieser Mensch vor mir ist garantiert Profi-Rennfahrer gewesen.

Irgendwann meldete sich bei mir der Überlebenswille, weil ich trotz ESP und UPS, ach nee, das ist ja was anderes, aber halt so was Ähnliches, wirklich halsbrecherisch durch das Parkhaus pfiff. So bremste ich und verlor meinen selbst erkorenen Pfadfinder pfeilschnell aus den Augen.

In diesem Moment nahm mein Gehirn überraschenderweise seine Tätigkeit wieder auf, und ich dachte: Es kann ja vielleicht der Ausgang verschwunden und das Parkhaus zugemauert worden sein, aber niemals wird sich ein Auto, das vor zwei Sekunden noch vor mir herbretterte, so ohne weiteres in Luft auflösen. Ich gab erneut sachte Gas, fuhr noch eine Ehrenrunde - und auf einmal tauchte plötzlich und unerwartet der Ausgang auf. Mittlerweile weiß ich, wie das zugegangen ist, verrate es aber so gut wie gar nicht, weil ich meine Mitmenschen keinesfalls um das Vergnügen bringen möchte, so eine Geisterfahrt ebenfalls einmal zu erleben.

Allerdings werde ich mir wiederum ab sofort nicht nur die Etagen und Nummern der jeweiligen Parkplätze merken, sondern werde obendrein aufpassen, ob nach einer längeren Ausfahrt-Suche nicht irgendwo unvermittelt immer mal wieder ein Maurertrupp steht …

Die Sache mit dem Warten

Jeder kennt es, und jeder hasst es – warten. Warten auf die Bahn, warten, dass es grün wird, warten, dass die Schlange vor einem endlich kürzer wird. Warten, warten, warten. Das ganze Leben besteht anscheinend nur aus Warten.

Aber, und da wird mir der eine oder andere zustimmen, am schlimmsten ist das Warten beim Arzt.

In einem vollen Wartezimmer mit hustenden, niesenden und japsenden Leuten zu sitzen bereitet mir so einiges Unbehagen. Da sehe ich förmlich die gierig-hungrigen Bazillen herumfliegen, immer nur ein Angriffsziel im Auge (falls Bazillen Augen haben), nämlich mich. Und in der Tat, so einige Male bin ich schon zum Arzt gegangen - nur um ein Rezept zu holen - und hatte wenig später eine handfeste Erkältung.

Nun lebe ich ja auf dem Dorf. Und da kennt man sich. Man sitzt also im Wartezimmer, die Tür geht auf, jemand kommt herein, vornehmlich eine Frau, ich gebe es ungern zu, aber es stimmt. Meistens sind es Frauen. Die bis dato noch alle verkniffen in den Zeitungen blätternden Patienten blicken auf, und mindestens eine fängt an zu juchzen: "Ach, dich habe ich ja lange nicht mehr gesehen! Wie geht es dir denn?" Die so liebevoll Angeredete stöhnt: "Gar nicht gut, ich habe seit Neujahr so Schmerzen im Knie. Und die Schulter will auch nicht mehr so wie früher. Und dann immer dieses Ohrensausen!"

Vorsichtig fasse ich an mein Knie. Da hat doch neulich auch mal was gekniffen, und die Schulter macht ebenfalls so manche Mätzchen, speziell wenn ich eine Schraube eindrehen will und beim Akkuschrauber den Rückwärtsgang drin habe. Und hatte ich nicht letzten Donnerstagnachmittag um halb drei fieses Ohrensausen? Merkwürdig, äußerst merkwürdig – und vor allem sehr verdächtig.

Aber nun geht es erst richtig los. Die andere sagt nämlich: "Ach ja, die Knie, mir tun immer gleich beide weh. Und von meiner Schulter will ich gar nicht erst anfangen." Eindrucksvoller Augenaufschlag. "Im letzten Jahr war ich im Krankenhaus wegen meines Magens!" Nun gibt es aber eine heftige Parade: "Im Krankenhaus? Ach Gott, im letzten Jahr war ich dreimal im

Krankenhaus, man hat zwar nicht so recht was gefunden. Aber man weiß ja nie."

Unheilvoll schwebt dieser letzte Satz im Raum. Ich versuche, mich auf meine Zeitung zu konzentrieren, aber es gelingt mir nicht hundertprozentig. Hatte ich nicht gestern Abend nach dem zugegebenermaßen üppigen Essen ebenfalls Magendrücken???

Jetzt mischt sich eine dritte Person ein, den anderen beiden völlig unbekannt, aber man kann ja schließlich derartige Krankheitssymptome nicht einfach kommentarlos stehen lassen.

Vertraulich beugt sie sich zu ihrer Nachbarin und flüstert: "Ich war vor fünf Jahren in dem großen Krankenhaus, Sie wissen schon, und da hatte ich ..."

Wisper, wisper. Die anderen beiden reißen entsetzt die Augen auf, das muss wohl ganz was Schreckliches gewesen sein. Unauffällig beuge ich mich vor, das will ich mir nun doch nicht entgehen lassen. Nach Knie, Schulter, Magendrücken und Ohrensausen könnte sich noch eine weitere, nämlich die ultimative Katastrophe zu meinem just erforschten, kläglich angeschlagenen Allgemeinzustand hinzugesellen!

Da geht die Tür auf, eine Dame kommt herein, siegessicher schwenkt sie einen Zettel in Richtung der drei Damen und kreischt: "Ich habe sie!!!"

"Was?", fragen die drei verwundert.

"Na, die Einweisung ins Krankenhaus!"

Nun beschließe ich, mich nicht mehr mit dem profanen Abholen eines Rezeptes zufriedenzugeben. Nein, also bei mir stimmt mit Sicherheit so einiges nicht mehr.

Unverzüglich erhebe ich mich, gehe raschen Schrittes zur Anmeldung und verkünde sehr energisch, ich müsste sofort und ganz dringend den Doktor sprechen. Eile tut not, ich will die totale Klarheit, denn wer weiß, was da alles unerkannt in mir schlummert oder sich gar just zu einem unheilbaren Etwas entwickelt.

Die Sache mit der Werbung

Eigentlich widerstehe ich den Anfechtungen der Werbe-industrie recht mann- bzw. frauhaft. Wisch-, Wasch- und Scheuermittel lassen mich kalt. Süßigkeiten sind sowieso gestrichen, ein Blick in den Spiegel genügt. Die Frage der Automarke regelt mein Konto, und Fertig-suppen bringen mich zum Knorren, äh, Knurren.

Kommt aber Frau Saubermann mit einem neuen Wischmop, einem raffitückischen Fensterputzer oder etwas Ähnlichem auf den Bildschirm, was die Haus-arbeit erwiesenermaßen enorm erleichtern soll, werde ich schwach.

Vor einigen Jahren saß ich irgendwann, nichts Außer-gewöhnliches erwartend, wie üblich erschöpft vom langen Arbeitstag vor dem Fernseher und döste vor mich hin. Und plötzlich riss es mich: Da kam er, nein, sie, nein, beide. Also da spazierte eine Dame ins Bild, eher meine Statur, auch so etwas gibt es im Fernsehen. Wahrscheinlich war sie der Quotenmoppel von dem be-treffenden Sender. Diese Dame also schwang ihn, den unverzichtbaren, unwiderstehlichen, herrlich gelben Schrubber. Ach, der wäre es – ein Traum!

Nach drei Wochen, in denen ich mich mehr oder weniger unauffällig in Supermärkten, Bauzentren und ähnlichen Geschäften herumgetrieben hatte, entdeckte ich ihn endlich - diesen meinen neuen Schrubber. Herrlich anzuschauen, leuchtendgelb, elegant in der Linienführung und überaus beweglich. Am liebsten hätte ich ihn gleich an Ort und Stelle ausprobiert. Aber erstens war kein Eimer zur Hand, und zweitens wäre mir die Fläche dann doch etwas zu groß gewesen. Und überhaupt, wie käme ich dazu, im Baumarkt die Böden zu schrubben? Ich liebe Baumärkte, aber so was ginge mir nun echt zu weit.

Also rannte ich förmlich zur Kasse, meinen neuen Lebensabschnittsbegleiter fest unter dem Arm, zahlte und verstaute ihn liebevoll in meinem Auto. Dann raste ich unter Nichtbeachtung sämtlicher Geschwindigkeitsbegrenzungen voll ungeduldiger Vorfreude nach Hause.

Dort angekommen, schmiss ich den alten Schrubber zu allererst mal achtlos in eine finstere Ecke. Dieses unbewegliche altmodische Ungetüm passte nun wahrhaftig nicht mehr in mein neues, farbenfrohes Putzleben. Schnell noch einen Eimer Wasser bereitgestellt, eingetaucht - und los ging es, total im Sinne des Wortes.

Ich schrubbte geradeaus, der Schrubber lenkte machtvoll nach links. Ich folgte dem Ziel meiner Begierde auf Schritt und Tritt, doch er wollte effektiv nie in dieselbe Richtung wie ich. Ich hetzte hinter diesem Teil her, als ob ich zwei Promille im Blut gehabt hätte. Wobei mir gerade die Frage in den Sinn kommt: Darf man eigentlich alkoholisiert schrubben? Na egal, das kann ich jetzt so schnell nicht einwandfrei klären.

Nun denn, wenigstens konnte dieses bewegliche Teil mühelos unter den Schränken und Regalen feudeln - dachte ich. Ich bückte mich, bückte mich tiefer. So gelenkig bin ich normalerweise gar nicht. Das Ding wollte nicht unter unsere Schränke passen. Also noch tiefer. Mit der Nummer hätte ich jedes Zirkuspublikum zu "Standing ovations" animiert. Endlich bekam ich das sich hartnäckig sträubende Mistding unter den Schrank, aber nicht mehr raus. Es steckte fest.

Was soll ich lang erzählen? Der geneigte Leser weiß es sowieso. Letztendlich lag ich auf dem Bauch vor dem Schrank, stieß einige nicht druckreife Flüche aus und angelte den nunmehr Ungeliebten wieder hervor, um ihn dann voller Verachtung eilends in den Keller zu befördern - zu dem gesamten Berg der anderen nicht funktionierenden Neuheiten.

Verschämt und mit schlechtem Gewissen griff ich nun behutsam nach meinem alten abgenutzten Schrubber, der sich jedoch vor lauter Enttäuschung ob der Missachtung bei der nächsten Bewegung grußlos von seinem Stiel verabschiedete.

Nun frage ich mich, ob man die Erfinder solcher unverzichtbaren Nutzlosigkeiten nicht per Gesetz zu wenigstens vier Wochen Zwangsfeudeln verurteilen könnte. Meinen Haushalt würde ich herzlich gerne zur Verfügung stellen.

Die Sache mit dem Zoo

Bei einem unserer zahlreichen Dänemark-Urlaube war das Wetter mal wieder nicht strandfreundlich. Doch es war trocken, und für einen Zoo-Besuch mit unserem Sohn war die Witterung ideal. Wie ich ja schon öfter erwähnte, sind wir außerordentlich tierlieb. Also bemühten wir uns natürlich, auch in unserem Kind diese allumfassende Tierliebe zu wecken. Im Alter von drei Jahren war ihm aber eindeutig die liebevolle Beschäftigung mit Tieren völlig schnurz. Ihn interessierten lediglich Würstchen, Pommes und Eis. Aber uns Eltern war nun einmal nach Zoo - und ab und zu sollten sich Eltern definitiv mal durchsetzen.

In Dänemark gibt es im Zoo kleine Wägelchen, da kann man die zukünftigen Erben hineinsetzen und gleichzeitig das mitgebrachte Futter verstauen. Keiner muss das Kind tragen, wenn man Glück hat, schläft es obendrein ein. So sind halt die Dänen, immer praktisch.

Als das Kind bequem saß, zogen wir das Wägelchen kreuz und quer durch den gesamten Zoo, nur unterbrochen von einigen kurzen Pausen, weil der Gatte einen Tee, ich einen Kaffee und das Kind ein Eis brauchte.

Nach Schlangen, Affen, Löwen – warum sind diese armen Tiere eigentlich eingesperrt? - und Elefanten kamen wir so langsam zu den Außengehegen. Der Sohn sollte sich nun mal ein bisschen bewegen, und so machten wir Halt bei den Giraffen.

Dort verweilten wir einige Zeit, und dann kam ich auf die Idee, Fotos wären doch was Nettes. Nacheinander stellten wir uns also an das Gatter und wurden alle geknipst. Als Letzte kam ich an die Reihe. Der Gatte machte Fotos, das Kind langweilte sich, und ich versuchte, ein Mittelding zwischen tierliebem und intelligentem Ausdruck auf mein Gesicht zu zaubern - als mich von hinten etwas heftig, sehr heftig, überaus heftig schubste und zwar dermaßen, dass ich einen riesengroßen Satz unfreiwillig nach vorne stolperte und dabei noch Glück hatte, nicht hinzuknallen.

Quer über die Wiese hatte sich mit Lichtgeschwindigkeit eine Giraffe genähert, um ihr Terrain zu verteidigen. Auf dem Fleck, auf dem ich stand, hatte ganz offensichtlich niemand außer ihrer Herde was zu suchen - egal, ob der sich außen oder innen befand.

Nach dieser einseitig gelungenen, jedoch nach meinem Geschmack zu robusten Erziehungsmaßnahme war meine Schulter dermaßen geprellt, dass ich sie kaum mehr bewegen konnte. Aber das musste ich nun aushalten. Schließlich konnte ich ja schlecht zum Arzt gehen und sagen: "Mich hat eine Giraffe geschubst." Wo wäre ich dann wohl gelandet? Nee, nee, da hieß es, Zähne zusammenbeißen und auf Besserung warten. Zum Ende des Urlaubs war ich wieder einigermaßen fit und konnte mich erneut ins aktive Leben einmischen.

Jetzt frage ich mich allerdings schon seit Jahrzehnten: Wo hat der Gatte, der verschlafene, bloß hingeschaut? Wenigstens er hätte das aufgebrachte lange Gestell doch vor der Attacke sehen müssen. Da komme ich wahrhaftig ins Grübeln.

Die Sache mit dem Telefon

Organisatorisch bin ich im großen Ganzen eigentlich recht gut. Nur wenn die Außentemperaturen zu hoch sind, laufe ich schon mal wie ein kopfloses Huhn herum. Was da heißen soll: Mal bin ich drinnen, mal bin ich draußen - ohne Plan und Ziel. Ist es draußen zu heiß, gehe ich rein. Bin ich abgekühlt, renne ich wieder nach draußen.

Und wie es häufig so ist: Mir war es gerade mal wieder viel zu heiß, und ich suchte Abkühlung im Inneren des Wohnzimmers, als just beim Eintreten der Anrufbeantworter blinkte. Ach wie nett, jemand hatte an mich gedacht. Ich schaltete ein, aber außer einem Piepton war nichts zu hören.

Stirnrunzelnd überlegte ich. Das konnte ja eigentlich nur einer der Söhne gewesen sein, also startete ich einen Rundruf. Der Erste sagte, er nicht, außerdem wäre er im Stress. Nummer zwei ebenso. Warum sind junge Leute eigentlich immer und überall im Stress? Nun dachte ich, der Kleine wird es gewesen sein. Ein kurzes "Bin an der Uni" gab Aufschluss darüber, dass er es auch nicht gewesen sein konnte, schließlich lauscht man dort hingebungsvoll seinem Professor und denkt nicht zwingend an seine Mutter.

Also wurde der Fall allmählich klarer, denn da kam nur eine von meinen Freundinnen in Frage. Drei waren nicht zu erreichen, schieden also aus. Eine ging an den Apparat und freute sich, meine Stimme zu hören, hatte aber ebenfalls nicht angerufen. Schnell schnatterte ich nur ein paar Worte und legte nachdenklich auf.

Dazwischen klingelte das Telefon dreimal, und ich eröffnete jedes Gespräch mit: "Hast du hier eben angerufen?" Doch niemand wollte es gewesen sein.

Nun kam ich echt ins Grübeln. Verflixt noch mal, es könnte ja eventuell von enormer Wichtigkeit gewesen sein. Schnell fuhr ich den Computer hoch und prüfte das Ergebnis der Lottozahlen: nicht mal ein Dreier. Die Lottogesellschaft schied somit ebenfalls aus. Wegen eines Dreiers würden die mich ja wohl kaum anrufen.

Aber nun fiel mir die Nachbarin ein, die gerade im Garten arbeitete, und ich fragte sie hoffnungsfroh. Erstauntes Kopfschütteln.

Nach einer Stunde hatte ich alle engeren und weit-
läufigeren Bekannten und Verwandten angerufen. Jetzt
wählte ich die Nummer vom Vatikan, aber man stellte
mich nicht durch zum Papst. Kein Wunder, schließlich
bin ich evangelisch.

Nun blieben nur noch die Bundeskanzlerin und der
Präsident der Vereinigten Staaten. Bei der Bundeskanzlerin war immer besetzt, wahrscheinlich brütete sie
über neuen Gesetzen. Den Präsidenten konnte ich
wegen der Zeitverschiebung erst später anrufen. Jetzt
war es für den noch viel zu früh.

So ein Ärger aber auch. Mein enormes Interesse wurde
nicht gewürdigt. Das alles hätte ich mir im Übrigen er-
sparen können, würden die Leute sich endlich trauen,
auf den Anrufbeantworter zu sprechen. Eines kann ich
nämlich dabei hoch und heilig versprechen: Sie werden
von dieser segensreichen Einrichtung nicht gebissen …

Die Sache mit dem Schwamm

Mittlerweile weiß ja jeder, dass ich auf Dauerdiät bin, die kurze Weihnachtskekse-Unterbrechung mal zu vergessen. Weil die sich aber hartnäckig in den Vordergrund spielen, die Kekse, also nach wie vor wie festgeklebt auf meinen Hüften verweilen, mache ich halt wie üblich Diät. Die ebenso aufdringlichen wie anhänglichen Gummibärchen müssen Sie echt nicht interessieren.

Weil ich obendrein jedoch Vegetarierin bin – nein, Tiere esse ich nicht, auch nicht scheibchenweise -, fällt mein Mittagessen manchmal sehr dürftig aus. Wie immer sehr in Eile, stopfte ich eines Tages eine Packung Gemüse und Reis in die Mikrowelle. Hunger hatte ich, schnell sollte es gehen, und das kärgliche Mahl wollte ich auch zügig hinter mich bringen, damit mir nicht doch noch womöglich die Dose mit den Keksen begegnete.

Man kann mir ja einiges nachsagen, aber was das Essen anbelangt, bin ich nicht sehr anspruchsvoll, um nicht zu sagen: Es ist mir völlig schnuppe, was ich kaue. Es sei denn, es ist Weihnachten. Aber ich plappere schon wieder.

Also dieses überaus langweilige Gericht war fertig. Ich holte es aus der Mikrowelle. Umrühren stand auf der Packung. Also rührte ich brav um und schielte kurzsichtig, weil ich im Haus meine Brille nicht aufhabe, in das Gemüse und fischte gierig ein Stück heraus. Das musste eine neue Gemüseart sein, die ich noch nicht kannte. Hungrig steckte ich es in meine Futterluke und hatte offenbar ein Stück Schwamm im Mund. Igitt. Um Haaresbreite hätte ich mein Frühstück geopfert. Angeekelt schmiss ich den ganzen Kram in den Müll und aß einen Magermilchjoghurt.

Der erste Hunger war gestillt, und so fischte ich etwas ruhiger geworden die Verpackung noch einmal aus dem Abfall, warf den Computer an und schrieb der Herstellerfirma eine wütende E-Mail. Das Corpus Delicti bewahrte ich auf. Also wenn da nicht mindestens – ach, Was-weiß-ich kommt, bin ich aber stinksauer.

Auch eine Art, Leute nach Weihnachten zu einer Diät zu zwingen. Dabei kennen die mich doch gar nicht!!!

Die Sache mit der Lampe

Neulich musste ich eine Glühbirne auswechseln, draußen in schier unerreichbarer Höhe. Also schleppte ich die Leiter raus, bewaffnete mich mit zwei Schraubenziehern und legte los.

Als Erstes merkte ich, dass von den zwei Schraubenziehern keiner passte. Also wieder runter von der Leiter, jeder Gang macht schlank, eine Auswahl anderer geholt und erneut losgelegt. Als ich mich schließlich durch die Spinnweben gekämpft hatte – pfui, igitt, was ist das denn hier für ein Haushalt, aber Spinnen sind ja auch Lebewesen -, musste ich mich erst einmal durch das Prinzip der Lampe arbeiten.

Das Problem war nur, ich bin leider keine 2,50 m groß, und die Leiter ist auch eher klein, also reckte und streckte ich mich auf dem wackligen Ding. Im Geiste sah ich mich schon abstürzen und mit meinem runden Hinterteil mitten auf meinem Auto landen, was gewiss eine Riesenbeule verursacht hätte.

Schließlich hatte ich wenigstens ein Erfolgserlebnis und zwei Schrauben gelockert. An irgendeiner für mich nicht sichtbaren Stelle saß aber die Abdeckung noch fest. Ich zog und zerrte, sie wollte sich partout nicht bewegen. Doch mit sturer Hartnäckigkeit gelang es mir, das Glas unversehrt herauszufummeln und ich reinigte es. O ja, den Lappen hatte ich bereits dabei, frau denkt ja mit. Die Birne war schnell ausgewechselt, das Glas bekam ich auch wieder unter die Abdeckung. Nur die Schrauben wollten nicht so wie ich.

Ich schraubte und schraubte, grüßte mal die Nachbarn rechts, mal die von links, die allesamt einer geregelten Gartenarbeit nachgingen ... Moment mal, so lange kann das simple Eindrehen einer Schraube doch wirklich nicht dauern! Nach ungefähr drei Minuten und 57 Sekunden merkte ich, dass die Schraube leer durchging. Meine Flüche waren verständlicherweise wieder einmal nicht druckreif, kalt war mir auch, weil man sich ja für so eine simple Arbeit keine Jacke anzieht. Die Leiter wackelte bedenklich, und mir turnte die Erinnerung durchs Hirn, dass so eine Aktion vor einigen Jahren mal einen kompletten Absturz mitsamt gebrochenem Arm zur Folge hatte. Das alles machte mich immer brassiger.

Aber letztlich schaffte ich es, die Schrauben fachgerecht an ihrem jeweils vorgesehenen Platz doch noch fest anzubringen. Die Leiter und das Sammelsurium an Schraubenziehern schleppte ich ordnungsliebend wieder nach drinnen und gönnte mir zur Belohnung einen Kaffee.

Wieso ist eigentlich nie ein Mann im Haus, wenn man einen braucht??? Es ist eine stets wiederkehrende Dauer-Erfahrung von mir, dass sie im fraglichen Moment immer fehlen: Meine drei erwachsenen Söhne schwirren in der ganzen Welt herum - und der Ehegatte ist mir leider abhanden gekommen, weil er sich mit einem neueren Modell ausgestattet hat.

Na dann: Selbst ist die Frau!

Die Sache mit dem Schrank

Vor gefühlten 120 Jahren hatte ich eine merkwürdige Begegnung mit einem Schrank - und das des Nächtens um drei Uhr.

Wir wissen es ja alle: Männer sind auf der Welt, um die wichtigen Probleme zu lösen, wie die um die Karriere, die Bundesliga, den Stammtisch etc.. Frauen sind meist eher praktisch veranlagt. Von jeher war ich der Typ "Wo steht das Klavier", was in diesem speziellen Fall hieß, ein Schrank musste aufgebaut werden. Mann war gerade keiner verfügbar, Nachbarn wollte ich mitten in der Nacht nicht aus dem Bett klingeln, aber die ganze Angelegenheit war dringend, das wird jede Frau verstehen. Was getan werden muss, das muss eben getan werden - und sei es nachts um drei. Außerdem ist Geduld sowieso nicht eine meiner herausragendsten Eigenschaften.

Wer schon einmal einen Schrank aufgebaut hat, weiß, dass das alleine schon etwas diffizil ist, man kann auch sagen, kaum zu bewerkstelligen. Aber ich hielt es mit der bekannten Automarke "Nichts ist unmöglich!" und machte mich ans Werk. Die Bodenplatte lag fest und unverrückbar bereits da, also setzte ich die Seitenwände ein, nein, ich versuchte es. Aber da der Mensch nur zwei Arme hat – warum eigentlich, drei wären manchmal ausgesprochen praktisch -, war das alleine schon ein schier unmögliches Unterfangen. Aber irgendwie schaffte ich es mittels Ausfallschritt und Festhalten der einen Seite dank meiner Schulter und einer zusätzlichen Stützvorrichtung für die andere Seite, tatsächlich, den Deckel oben draufzusetzen. Die Sache nahm Formen an. Ich war unglaublich stolz auf mich. Just, als ich das erste Regalbrett einsetzen wollte, krachte die ganze Angelegenheit zusammen. Das Oberteil donnerte mir mit einem ohrenbetäubenden Knall auf den Kopf, und ich ging k.o. zu Boden. Allein die Nachbarn dürften nun hellwach gewesen sein, obwohl mein Dickschädel das Geräusch sicherlich etwas gedämpft hatte. Nach ein paar Sekunden kam ich wieder zu mir und hatte tatsächlich die Kraft, mir selber einen Vogel zu zeigen. Das hätte ich allerdings vielleicht besser vor dem Start zu diesem Unternehmen machen sollen. Zumindest überzeugte mich die Erdanziehungskraft dieses harten Bretts, den Alleingang abzubrechen. Am nächsten Tag kam eine Freundin und half mir tatkräftig beim erneuten Aufbau. Dem Schrank-Ungetüm begegnete ich übrigens von diesem Zeitpunkt an mit größter Vorsicht. Es blieb allerdings dann auch über Jahre stramm aufrecht stehen.

Nach diesem nächtlichen Abenteuer schmerzte jedoch mein Kopf dermaßen, dass ich einen Arzt aufsuchen musste, um feststellen zu lassen, ob ich noch alle Tassen im Schrank hatte. Von meiner missglückten Handwerker-Solo-Aktion erzählte ich in der Ausführlichkeit natürlich nichts, ich weiß ja, wo ich sonst – schon wieder mal - gelandet wäre.

Die Untersuchung ergab, dass keine meiner Tassen gelitten hatte, also noch komplett vorhanden waren, worüber ich äußerst beruhigt war.

Doch seitdem bin ich in der Lage, jedem Wetterfrosch Konkurrenz zu machen. Größeren Sturm kann ich locker vorhersagen, weil mir da nämlich jedes Mal Stunden vorher unangnehm spürbar der Schädel brummt. Vielleicht sollte ich mich zwecks Wettervorhersage beim Fernsehen bewerben. Ich wäre sicher preiswerter als diese hochtechnisierten, wissenschaft-lichen Stationen, die sich die dort leisten. Also, um das hier jedoch klarzustellen: Praktisch veranlagt bin ich schon, aber alles hat leider seine Grenzen.

Die Sache mit der Schönheitsfarm

Irgendwann kommt für jedes weibliche Wesen die Frage: Bin ich noch schön genug? Ein knapper Blick in den Spiegel genügt: "NEIN!" Da ist dann natürlich dringend Abhilfe gefragt. Aber was tun? Landluft aus der Tube hilft ja manchmal, aber meist nur kurzfristig. Dann gibt es noch eine Creme, die von der Menge her schichtmäßig aufgetragen wird, aber erstens sehr teuer ist und zweitens aussieht wie pures Silikon. Wer will schon Silikon irgendwo haben? Schon gar nicht im Gesicht. Also werden die Falten und Fältchen weiter kritisch und ausführlich unter die Lupe genommen.

Vor dem Spiegel kann man sie eigentlich ganz gut mit Grimassen wegkriegen. Das Problem ist nur: Wie kann man unbeschadet für sich und andere auf der Straße herumlaufen, wenn man ständig Grimassen schneidet?

Ein Tuch vor das Gesicht zu binden, wie ein allseits bekannter Künstler, wäre eine Möglichkeit, aber bequem ist das sicher nicht. Bliebe noch ein Lifting. Hm, teuer, schmerzhaft, nicht für die Ewigkeit und für Ottilie Normalverbraucher halt nahezu unerschwinglich. Außerdem liefe man nebenbei Gefahr, dass bei einem un-kontrollierten Lachen die Ohren Besuch bekämen. Nein, nicht das Wahre. Wenn ich lache, dann will ich lachen ohne Wenn und Aber und ohne Gefahr zu laufen, dass etwas überdehnt wird. Schon gar nicht in meinem Ge-sicht.

Bleibt also nur noch die Schönheitsfarm. Ach ja! Zweimal habe ich mich dazu verstiegen, so ein Spa, wie das seit einer Weile neudeutschsprachlich heißt, aufzu-suchen. Einmal über ein Wochenende und einmal für eine ganze Woche.

Erwartungsvoll hatten sich meine Freundin und ich zu dieser einwöchigen Aufbrezelveranstaltung verabredet. Aufgetakelt wie eine Fregatte fuhr ich los, um mich am Bahnhof des Zielorts, ca. 50 Kilometer von meinem Zu-hause entfernt, mit ihr zu treffen. Dummerweise hatte ich vor der Abfahrt aber noch einen Kaffee getrunken. Und so rührte sich alsbald auf der Autobahn etwas in meinem Parterre. Der Kaffee wollte wieder raus. Weil es aber nur noch so ca. 20 Kilometer Entfernung waren, fuhr ich voller Vorfreude am letzten Parkplatz vor der Abfahrt vorbei. Am Bahnhof konnte ich ja das gewisse

Örtchen in aller Ruhe aufsuchen. Mit Schwung fuhr ich auf den Parkplatz, ging jetzt schon etwas flotteren Schrittes zum Bahnhofsgebäude und fand dieses verschlossen vor, die bewusste Örtlichkeit natürlich ebenso.

Im Zöpferl-Schritt zurück zum Auto spähte ich hektisch herum, ob irgendwo ein rettender Busch wäre, aber mitnichten. Freie Sicht wie in Friesland, wo man bereits mittwochs sieht, wer samstags zu Besuch kommt.

Aber ich schweife ab. Der Kaffee war kurz davor, sich in meinem Untergeschoss selbständig zu machen. Jede Frau wird verstehen, was ich meine, als ich wieder ins Auto sprang. Sitzen ist immer gut und weitaus ungefährlicher als herumzulaufen. Es blieb mir nichts anderes übrig, als schnellstens irgendein Gasthaus oder Café zu finden. Unerlaubt schnell fegte ich durch das Örtchen, fand schließlich ein Gasthaus und einen Parkplatz gegenüber, griff nach meiner Tasche und machte einen mutigen Sprung aus dem Auto.

O je, das würde nicht gut ausgehen! Wie Daniel Düsentrieb sauste ich in die Gaststube, rief: "Einen Kaffee bitte und wo ist die Toilette?!" Meine Stimme muss sich schon reichlich gepresst angehört haben. Grinsend zeigte man mir den Weg, und ich schoss in die Räumlichkeit, riss mir schon im Laufen den Rock hoch und die Strumpfhose runter, als das Unheil seinen Lauf nahm. Na ja, Sie wissen schon. Letztendlich gab ich Seufzer von mir, die mir sonst bei ganz anderen Gelegenheiten entfleuchen, entledigte mich der Unterhose, stopfte sie in meine Handtasche und trank dann trotz allem sehr erleichtert meinen Kaffee.

Als ich erneut am Bahnhof ankam, zupfte ich mein wirklich sehr edles Kostüm zurecht, setzte mein rotes Hütchen mit dem schwarzem Schleier auf und wirkte wenigstens äußerlich hochelegant. Meiner Freundin blieb bei meinem Anblick dankenswerterweise auch glatt die Spucke weg, aber nur kurz. Denn dann musste ich ihr sofort verklickern, dass ich unterwärts für diese Witterung etwas zu leicht bekleidet war und wir uns bitte dringend ins Innere des warmen Autos begeben möchten.

Die Sache mit der Schönheitsfarm, Teil 2

Zu dieser Zeit fuhr ich einen kleinen, alten Sportwagen, wir machten also echt was her. Dachte ich. Den Besitzer der Farm beeindruckte unser stilsicheres Auftreten jedoch nicht im Geringsten. Wir mussten unsere Koffer selber tragen.

Nun nimmt eine normale Frau für eine Woche ja nicht nur Klamotten für genau sieben Tage mit, nein, auf gar keinen Fall. Man weiß doch vorher nicht, worauf man am Dienstagnachmittag um fünf Uhr gerade Lust hat. Also wird der halbe Kleiderschrank mitgeschleppt, nicht zu vergessen die Bücher für die nächtliche Bett-Lesestunde. Es war natürlich nur weibliche Klientel anwesend. Warum eigentlich? Manchen Herren würde eine Schönheitsfarm ebenfalls ganz gut tun, und so viele Bücher bräuchte frau dann auch keine ...

Nun, wir schleppten unsere entsetzlich schweren Koffer also selber in den ersten Stock, was gewiss nicht sehr elegant aussah, und bezogen unsere Zimmer. Beim Einführungsgespräch wenig später wurde uns ein unendlich verlockender Schönheitsplan überreicht. Ach, hier waren wir bestimmt gut aufgehoben. Was uns da alles erwartete klang geradezu himmlisch.

Am nächsten Morgen ging es los. Als Erstes wurde uns eine sündteure Maske aufgeschwatzt, die wie der Blitz alle Falten auf Nimmerwiedersehen verschwinden lassen würde. Das Einzige, was dabei verschwand, war das Geld aus unseren Portmonees.

Dann waren so wunderbare Sachen wie Molkebad und Dufttherapie angesagt. Nun denn, das Molkebad bestand, wie der Name schon sagt, aus Molke und Wasser und noch zusätzlichen fünf Kerzen, um der ganzen Angelegenheit den Anschein von romantischer Exklusivität zu geben. So langsam kamen mir Zweifel, ob ich mir nicht vielleicht für dieses viele Geld eine Lastwagenladung voll Molke vor das Haus hätte kutschieren lassen sollen. Kerzen habe ich sowieso immer im Haus, und Wasser ist sozusagen im Überfluss vorhanden.

Aber eine schönheitsbewusste Frau ist geduldig und voller Neugier. So gaben wir uns anschließend der Dufttherapie hin. Die zugegebenermaßen verführerisch riechenden Düfte benebelten angenehm meine Sinne, als ich mit verschiedenen Ölen eingerieben wurde. Aber leider, leider verging mir der Genuss reichlich schnell, weil ich auf einer Plastikfolie lag und mich krampfhaft am Rand festhalten musste, damit ich nicht runterflutschte wie Nudeln aus einem überfüllten Sieb. Also richtig elegant sah das bestimmt mal wieder nicht aus. Gut dachte ich, wenn schon Gymnastik, dann wenigsten ordentlich und nicht auf einem Gummibett.

Entschlossen eroberte ich mir ein Trimmrad, was aber kontraproduktiv, nämlich sehr unrhythmisch funktionierte und mir nach kurzem Strampeln einen heftigen Hexenschuss bescherte.

Mittlerweile ging ich nervlich gesehen schon reichlich am Krückstock, aber um nichts in der Welt hätte ich mir das Peeling entgehen lassen. Jetzt würde ich gleich eine Haut weich und samtig wie ein Kinderpopo haben. Das genau müsste nun das sehnlichst erwartete Highlight sein. Doch auch das Peeling können wir hier sehr rasch abhandeln: raus aus den Klamotten, in die Dusche gestiegen und mit einer Paste eingerieben - von mir selber natürlich. Nur den Rücken konnte ich nicht bearbeiten, da legte tatsächlich jemand flüchtig Hand an mich. Hinterher abduschen – fertig.

Über die knappe Hand- und Fußpflege gehe ich gnädigerweise hinweg, weil schließlich noch der absolute Höhepunkt der ganzen Angelegenheit bevorstand: die Kosmetikbehandlung. Da gab es tatsächlich nicht so wahnsinnig viel zu meckern – sie war kurz und schmerzlos.

Mittlerweile hatte sich meine gute Laune ziemlich verflüchtigt, ich fühlte mich schlichtweg abgezockt.

Zu jeder Woche gehört naturgemäß ein Wochenende. Und an diesem fiel eine ganze Invasion von gackernden Hühnern ein, die sich mal eben rundum verschönern lassen wollten. Das war dann der Gipfel, weil man uns nämlich terminmäßig hängen ließ, heißt: Wir waren behandlungsmäßig nicht mehr unterzubringen. Das bestärkte unseren Eindruck, dass wir uns mittlerweile vorkamen wie auf einer Hühnerfarm. Nur Eier gelegt haben wir keine.

Unsere Nerven waren durch nichts mehr zu beruhigen, will sagen, der blanke Ärger kochte in uns hoch. Und ehe wir dem Besitzer seine Silikon verkleisterte Dufttherapie mit anschließendem Superpeeling höchstpersönlich angedeihen ließen, beschlossen wir, genug ist genug - und reisten wutentbrannt ab. Dass wir unsere Koffer natürlich wieder alleine zum Auto schleppen mussten versteht sich von selbst. Wie kann man so etwas aber auch von einem Hotel erwarten ... Anders gesagt: Wo kämen wir denn da hin, wenn die Kunden für ihr Geld etwas verlangen bzw. tatsächlich eine dementsprechende Gegenleistung erhalten würden?

Nun bekomme ich jedes Jahr die ebenso dringende wie höchst liebenswürdige Aufforderung, mir doch wieder einmal eine Schönheitskur zu spendieren, die letzte wäre doch schon (viel zu) lange her. Ach ja, es ist mir wirklich ein Vergnügen, dieses Schreiben mit Wonne in allerkleinste Teilchen zu zerreißen.

Natürlich hätten wir uns beschweren können, doch noch wirksamer schien uns die "Werbung", die wir für dieses Unternehmen gemacht haben. Was im Klartext bedeutet, dass viele potentielle Kundinnen voller Grausen bereits vor einer eventuellen Buchung abgesprungen sind. Wir beiden Geschädigten haben auf jeden Fall beschlossen, jegliche Unternehmungen dieser Art im Keim zu ersticken und unsere Schönheitsansprüche mit den örtlichen Möglichkeiten zu erfüllen. Es ist bei weitem nicht so teuer - und nützen tut es genauso wenig.

Die Sache mit der Schlange

Der Mensch ist nicht immer mutig und leidet zuweilen unter merkwürdigen Ängsten, das wird mir jeder bestätigen. Bei mir waren es Ratten und Schlangen. Da schüttelte es mich regelrecht.

Die Rattenangst habe ich überwunden, aber darüber schreibe ich später, obwohl ich schon jetzt erwähnen möchte, dass mir diese herzigen Geschöpfe außer Haus und weit weg von mir und meinem Lebensraum nach wie vor sympathischer sind und ich sie nicht unbedingt in meinen engeren Freundeskreis aufnehmen möchte. Aber wenigstens muss ich jetzt nicht mehr auf den Tisch flüchten und meine Haupthaare bleiben da, wo sie hingehören, stehen mir also nicht mehr einzeln zu Berge.

Mit Schlangen war das auch so eine Sache. Seitdem mich als Kind mal so ein Ungeheuer von mindestens 20 cm Länge verfolgt hat, ging ich diesem Getier lieber aus dem Weg. Erzählt mir jemand, in einem See gäbe es Wasserschlangen, zische ich mit Lichtgeschwindigkeit an Land und setze erklärend hinzu, ich hätte einen

Krampf, mir wäre schlecht oder wahlweise, der zu lange Wasseraufenthalt macht die Haut schrumpelig. Nie im Leben würde ich freiwillig gleichzeitig mit einer Schlange ein Bad nehmen.

Bis, ja, bis ich im Urlaub auf der Terrasse frühstückte, natürlich nicht allein, und der Angetraute plötzlich nach Luft schnappte und hektisch auf etwas zeigte, das da friedlich am Boden lag, ungefähr einen halben Meter von unseren Füßen entfernt.

Wir traten erst einmal einen geordneten Rückzug an, beäugten das Tierchen aus sicherer Entfernung - na ja, eher das ausgewachsene Monster, weil es nämlich wirklich reichlich lang und voluminös war - und suchten Rat beim Nachbarn, ob es sich vielleicht um eine Boa Constrictor oder eine Kreuzotter handeln könnte. Der Nachbar hielt bei seiner recht gewissenhaften Inspektion ebenfalls gebührenden Abstand - und identifizierte die Schlange genauso wenig.

Nun konnten wir dieses mächtige Ding ja nicht den Rest unseres Urlaubs da liegen lassen. Internet hatten wir leider nicht vor Ort, so dass wir hätten nachschauen können. Also rief ich einen der Söhne an und beschrieb ihm die Schlange. Er fand dann schnell heraus: keine Boa Constrictor, sondern eine Ringelnatter, die aber sehr groß werden könnte. Was hieß da "könnte"! Diese war erschreckend riesig.

Die männliche Abteilung der Angsthasengruppe versuchte, das Tier mit einem Stock zu irgendeiner Fortbewegung zu ermuntern. Aber nein, sie hatte wohl entschieden, dass ihr redlich verdienter Urlaub jetzt unwiderruflich angebrochen ist. Die imaginären Sprechblasen schwebten geradezu über ihrem Haupt: "Dies ist mein vor euch eroberter, rechtmäßiger Platz. Schließlich war ich viel früher als ihr hier. Was wollt ihr überhaupt an dieser Stelle?! Von euch paar blöden Urlaubern lasse ich mich doch weder stören noch vertreiben."

Weil wir ja am Anfang noch dachten, es wäre eine Kreuzotter, hatte ich die Schlange erst einmal "Krotti" getauft. Es muss schließlich alles seine Ordnung haben. Nun allerdings war eine rasche Umbennung nötig - und was passt besser zu einer Ringelnatter als der einprägsame Name "Natti"?

Natti indes war es völlig egal, wie sie hieß. Sie sonnte sich genüsslich und war durch nichts zu überzeugen, ihr

Domizil zu verlegen. Es nützte nichts - einer von uns musste sie anfassen und in den angrenzenden Wald befördern. Jetzt entwickelte sich aber in atemberaubender Geschwindigkeit die Sache mit dem Mut. Zwei Männer, eine Frau, eigentlich war alles total klar. Ich meine wegen des starken Geschlechts. Das hielt sich allerdings höchst elegant zurück und machte demonstrativ und unisono einen großen Schritt rückwärts. Die Fronten waren damit unmissverständlich geklärt. Gleichzeitig gaben sie mir jedoch aus der Ferne heldenhaft und besorgt so kluge Ratschläge wie, dass eine Schlange stets hinter dem Kopf zu packen wäre. Na toll, das wusste ich selber.

Schließlich fasste ich mir ein Herz und die Schlange hinter dem Kopf und merkte erst jetzt, wie lang dieses Tier wirklich war. Meine Haare begaben sich unverzüglich steil nach oben, eine Gänsehaut nach der anderen jagte mir den Rücken hinunter, doch wild entschlossen stapfte ich zum Zaun und beförderte Natti mit einem mächtigen Schwung in den Wald.

Am nächsten Morgen, Sie ahnen es schon, war Natti wieder da. Diesmal lagerte sie auf einem Holzstoß.

Dieser neue Stammplatz ging gerade noch, denn der Abstand zum Haus und zur Terrasse war so, dass wir uns gegenseitig nicht ins Gehege kamen.

Nachdem unsere allumfassende Tierliebe ja schon normalerweise legendär ist, schlossen wir also auch Natti mit ein. In dieser sicheren Entfernung konnte sie unseretwegen so lange liegen bleiben wie sie wollte. Nach einer Weile schienen jedoch unsere diversen Hunde sie ein bisschen nervös gemacht oder sie in ihrer Urlaubsruhe gestört zu haben, denn sie verschwand ebenso plötzlich wie sie aufgetaucht war und wurde von uns nicht mehr gesichtet. Worüber wir nicht gerade traurig waren. Als ich später die Herren der Schöpfung wegen ihres nicht vorhandenen Mutes rügte, wurde ich kurz und knapp mit einem: "Du hast dich ja schließlich vorgedrängelt." beschieden. Merke also: Mut muss man nicht unbedingt haben, nur genügend Ausreden.

Die Sache mit dem Renovieren

Ich bin wirklich mit der unordentlichsten Familie dieser Welt gesegnet. Und das mir, wo ich doch die Zeit mit so viel anderen Dingen als Aufräumen und Putzen verbringen könnte. Zum Beispiel mit der Umsetzung meiner zahlreichen Ideen. Das ist ein wahrhaft magisches Wort. Magisch deshalb, weil die einfallsreichste aller Gattinnen des Öfteren den Satz fallen lässt: "Ich habe eine tolle Idee." Und schon trifft sich der Rest der Familie schützend unter dem Tisch, weil das verdammt nach Arbeit riecht.

Nun war die Ungeduldigste aller Hausfrauen ja mit dem Geduldigsten aller Hausmänner zusammen, der nach so vielen Jahren sowieso wusste, dass Arbeitsverweigerung nichts brachte. Also setzte der Beste Hausmann von allen alles in die Tat um, was der Frau des Hauses so einfiel. Und das war einiges.

Das reichte von baulichen Veränderungen im Garten bis hin zu komplett umzuräumenden Zimmern nachts um halb zehn, nur um dann um 22.30 Uhr dem schwitzenden Gatten zu erklären, dass vorher alles doch viel besser ausgesehen hätte.

Wir haben auch schon bis Sonntag, fünf Uhr früh, tapeziert, weil die ideenreiche Gattin am Samstagmorgen beschloss, dass es jetzt endlich Zeit wäre, das Wohnzimmer "wandmäßig" frisch zu gestalten. Die Geschichte lief nicht so richtig rund ab:

Der Tapetenladen befand sich leider nicht in unserer direkten Nachbarschaft, und das Aussuchen einer Tapete bedarf obendrein gründlichster Überlegung. Wie schnell hat man sich zu einer Wand mit Herbstlaub verstiegen, wo doch Palmen am Strand eigentlich viel schöner wären. Es dauerte also alles seine Zeit. Nach dem anstrengenden Einkauf aller nötigen Utensilien mussten wir uns erst einmal stärken. Meine Tapezierlust hatte sich inzwischen ziemlich verflüchtigt, aber jetzt hatte den Gatten der totale Ehrgeiz gepackt. So wurde an diesem Samstagnachmittag um halb vier das komplette Wohnzimmer ausgeräumt. Die Küche konnte man deshalb nur noch mittels einer gigantischen Klettertour über Couch und Sessel erreichen, aber das war nebensächlich.

Der Leim wurde angerührt, der Tapeziertisch aus dem Keller geholt. Die Leiter musste quer über die Möbel zum Standort balanciert werden, und kurz nach Einbruch der Dunkelheit konnten wir die erste Bahn an die Wand kleben. Unsere Söhne halfen fleißig mit, schielten aber immer häufiger zur Uhr, was nur bedeuten konnte, dass sie etwas vorhatten. Großzügig wedelten wir mit der Hand, was da heißen sollte, den Rest schaffen wir locker alleine.

Es muss so gegen ein Uhr nachts gewesen sein, als die jungen Leute wieder antrabten in der Erwartung, wir wären mittlerweile fertig. Leider, leider war dem nicht so, aber wir hatten es immerhin geschafft, tatsächlich eine weitere Bahn an die Wand zu kleben. Diese Tapetenbahnen waren halt widerspenstiger als wir gedacht hatten. Das Gelächter habe ich heute noch in den Ohren. Auf der Stelle wurden wir wieder zu Handlangern degradiert, und um vier Uhr morgens waren wir fertig. Nach der bereits erwähnten Klettertour über alle Möbel hinweg konnten wir dann endlich unsere Betten entern.

Am nächsten Morgen - nein, natürlich am selben Morgen, aber später - fanden wir die ganze Sache nicht mehr gar so lustig, weil wir nämlich nun auch noch den Rest des Sonntags damit verbringen durften, das Haus komplett zu putzen und wieder in seinen Normalzustand zu versetzen.

Die Sache mit der Ratte

Fast jeder Mensch fürchtet sich vor irgendeinem Tier. Manchmal sind es Spinnen, manchmal sind es Hunde, sogar vor Tauben kann man sich fürchten. Und Schlangen und Ratten stehen ja sowieso bei den meisten an erster Stelle.

Bei mir sind oder waren es unter anderem Ratten. Igitt, da läuft es mir kalt den Rücken runter, wenn ich nur dran denke. Aber man kann ja alles psychologisch oder auch in der Praxis bekämpfen. Manchmal allerdings nicht ganz freiwillig.

Allein der Name Ratte löste bei mir immer heftigste Ekelgefühle aus. Nun gibt es ja Ratten und Ratten. Will sagen, wilde und zahme. Hat man mir erzählt. Für mich gab's da keinen Unterschied, aber ich wurde von einer Bekannten schnell eines Besseren belehrt. Neiiiiiiiiin, zahme Ratten wären etwas ganz Besonderes. Intelligent, handzahm, schmusig – wie bitte?!?

Meine Vorstellung von Ratten war da eine total andere und konnte mit einem Wort beschrieben werden: eklig! Ich neigte da schon fast zu einer Neurose, weil mir mal eine alte Dame erzählt hatte, dass es während des Krieges öfter passiert ist, dass eine Ratte in der Toilette saß. Keine Frage - wer mich kennt weiß, dass ich ab sofort bei jedem Besuch in der Kachelabteilung erst einmal sorgfältig überprüfte, ob da vielleicht so ein schwimm- und kletterfreudiges Tier wartete. Zwar haben wir schon lange keinen Krieg mehr, aber weiß man, ob sich das schon bis zu den Ratten herumgesprochen hat?

Meine Bekannte beschloss, es wäre an der Zeit, diese meine Neurose wirkungsvoll und für mich völlig kosten- frei zu bekämpfen - und zwar ganz einfach mit Konfrontation. Sozusagen von Angesicht zu Angesicht. Sie forderte unverdrossen und immer wieder, ich müsste ihren Ratten nun endlich einen freundschaft- lichen Besuch abstatten.

Nach ungefähr drei Monaten fielen selbst mir, der mit reichlich Fantasie Gesegneten, keine Ausreden mehr ein, und ich konnte dieser ebenso herzlichen wie therapeutisch höchst effizienten Einladung definitiv nicht länger aus dem Weg gehen. Also besorgte ich tief seufzend etwas Kleintierfutter. Man weiß schließlich, was sich gehört. Derart ausgestattet trat ich den Ratten-Besuch an.

Die possierlichen Tierchen hießen Mozart und Beethoven, echt und ehrlich, hatten ein wunderschönes Gehege und waren aus der Ferne recht niedlich anzuschauen. Solange ein schützendes Gitter zwischen ihnen und mir war. Was jedoch nur kurzzeitig der Fall war, weil meine Bekannte nun zum Angriff überging und Beethoven behutsam aus seinem Käfig holte. Mozart hätte mir zwar besser gefallen, also komponistenmäßig meine ich. Aber nein, auf mich nahm mal wieder niemand Rücksicht.

Beethoven saß also auf ihrem Arm. Ich machte instinktiv einen Schritt zurück, gab mir dann aber einen Ruck und streichelte vorsichtig über sein Köpfchen. Beethoven wandte mir sofort seine kleinen Knopfäuglein zu, betrachtete mich kurz, erkannte die Musikliebhaberin in mir und schlüpfte wie der Blitz in den Ärmel meiner Jacke.

Irgendwann setzte mein Herzschlag wieder ein, und ich röchelte entsetzt: "Hol den sofort da raus!" Dem possierlichen Tierchen gefiel die neue Umgebung wohl, denn es hatte sich flink so weit meinen Arm hochgearbeitet, dass die Bekannte nur an seinem recht beachtlich langen Schwänzchen zerren konnte, das als Einziges noch zu sehen und zu greifen war. Beethoven nahm das verständlicherweise ziemlich übel und hielt sich mit seinen Krallen empört an meinem nackten Arm fest. Ich beschloss, wenigstens mündlich mein Testament zu machen, weil ich garantiert nicht zweimal hintereinander einen Herzstillstand überleben würde. Die Bekannte zog indes etwas heftiger, und Beethoven entschied sich missmutig, dieser lästigen Aufforderung nun doch zu folgen und den Rückwärtsgang einzulegen. Danach verfielen mein Herz und ich selbst in einen ermunternden Galopp, und ich verschwand raketengleich aus diesem gastfreundlichen Haus.

Mozart persönlich habe ich natürlich nicht mehr näher in Augenschein genommen bzw. nehmen können, den höre ich nach wie vor weitaus lieber. Aber Angst vor Ratten habe ich seit dieser "Schmuse-Attacke" merkwürdigerweise keine mehr. Letztlich sind das ja ganz liebe und kluge Tiere – sagt man. Möglich, aber ich möchte sie trotzdem nicht in derart liebevoll-anhäng-licher Nähe haben …

Die Sache mit dem Parkhaus

Irgendwann in meinem Leben werde ich ein funktionierendes Auto haben. Da bin ich mir ganz sicher. Immer kutschiere ich mit diesen alten Kisten herum. Aber ich gebe zu, der Zustand meiner Autos wird proportional zu meinem Alter gesehen zunehmend besser. Doch es gab mal völlig andere Zeiten. Und wenn man jünger bis jung ist, übt man sich keineswegs in Sorglosigkeit – man hat sie.

Vor einigen, na ja, eher vielen Jahren, musste ich in Münchens Innenstadt etwas erledigen. Frisch und fröhlich steuerte ich ein Parkhaus an. Weil jedoch nirgends nur das klitzekleinste Plätzchen frei war, musste ich in die allerunterste Parkebene steuern, die erstens reichlich weit entfernt von der Einfahrt (und Ausfahrt) und zweitens höchst spärlich beleuchtet war. Wenn man überhaupt von einer Beleuchtung sprechen konnte.

In der hintersten Ecke fand sich aber wenigstens noch ein Platz. Erleichtert parkte ich, erledigte meine diversen Einkäufe und kam schließlich beladen mit Taschen und Tüten wieder zurück. Rasch verstaute ich alles in den

Kofferraum und setzte mich hinter das Lenkrad. Dieses Tiefgeschoss war schon wirklich sehr dunkel, und so manch schaurige Geschichte spukte sowohl eindrucksvoll als auch ungebeten durch meinen Kopf. Ganz sicher wollte ich in diesem ungemütlichen Erdloch z.B. nicht den verbliebenen klitzekleinen Rest meiner Unschuld verlieren. Schnell drehte ich nun von leichten Fluchtgefühlen angetrieben vertrauensvoll den Schlüssel, und – Sie ahnen es schon - es tat sich nichts. Nein, das stimmte nicht. Es tat sich schon etwas: Aus dem Motorraum klang dieses schreckliche Husten und heisere Röcheln, welches nach drei Sekunden erschöpft stirbt. Und je mehr man probiert, umso rachitischer und kürzer wird das Geräusch. Die Batterie war leer.

Mir blieb vor Entsetzen schier die Luft weg, und mein Herz bummerte derart, dass der Parkplatzwächter eigentlich von alleine auf meine missliche Situation hätte aufmerksam werden müssen. Der Notfall war doch unüberhörbar. Aber der Mensch kam trotzdem nicht, also der Parkplatzmensch. So blieb mir nichts anderes übrig, als die vielen Treppen zum Kassenhäuschen wieder hinaufzuhecheln.

Völlig außer Atem, dafür aber mit dem Rest meiner Lungen sehr entschieden und gleichzeitig empörte Laute ausstoßend, erklärte ich dem stirnrunzelnden Herrn dann, dass ich in der dunkelsten und abgelegensten Ecke dieses seines Parkhauses stünde und mein Auto nur trocken husten würde – also keinerlei Anstalten machte, anzuspringen. Der junge Mann zuckte lediglich uninteressiert mit den Schultern. Hilfe gehörte eindeutig nicht zu seinen vertraglich vereinbarten Aufgaben. Zeitung lesen offenbar schon.

Fassungslos und innerlich explosionsartig gärend marschierte ich wieder zu meinem Auto und hoffte auf das Wunder eines schnurrenden Starts. Doch dieses Batterie-Wunder wollte sich partout nicht ereignen.

Dafür ereignete sich ein anderes Wunder: Das erneute mitleidserregende Röhren meiner alterschwachen Batterie machte einen jungen Mann aufmerksam, der mir tatsächlich spontan seine Hilfe anbot! Im letzten Moment konnte ich mich zurückhalten, ihm erst einmal um den Hals zu fallen und ihn zu küssen. Er setzte sich also freundlich-ungerührt - und vor allem ungeküsst - in mein widerwilliges Gefährt und versuchte zu starten. Ein letztes schwaches Röcheln erklang, und fachmännisch wurde mir erklärt, dass meine Batterie leer war. Ach nee!!!

Wie gesagt, wenn man jung und sorglos ist, denkt man selbstverständlich nicht an so was Schnödes wie Abschleppseil und Wagenheber oder Astronautenkost – also für den Fall, dass eine außerplanmäßige Situation länger dauert als der Magen möchte. Allenfalls findet sich im Handschuhfach eine Wegbeschreibung zur nächsten Disco. Das traf in gleicher Weise auf meinen Ritter aus finsterster Not zu.

Da standen wir zwei nun, und keiner hatte nur annähernd etwas dabei, was sich zum Abschleppen geeignet hätte. Aber dann hatte der junge Mann eine wahrhaft zündende Idee. Wir schoben mein Auto aus der Parklücke, er fuhr seines genau hinter meines - und schon ging es los. Man kennt es ja: zweiter Gang, Gas geben und Kupplung kommen lassen. Mein Wagen wurde nun sanft von dem anderen Auto durch die Parkgarage geschoben, sozusagen Stoßstange an Stoßstange, bis mein Auto sich entschloss, stotternd, spuckend und keuchend wieder zum Leben zu erwachen. Man könnte fast sagen, unsere Autos hatten eine kurzfristige Liebesbeziehung in der Geborgenheit einer dunklen Parkgarage.

Da sage noch jemand, es gäbe keine Kavaliere mehr. Ganz unerwähnt soll allerdings nicht bleiben, dass er eine ähnliche Schrottkiste fuhr wie ich. Er wusste also, wie man so ein betagtes, störrisches Teil überlisten konnte – und obendrein kam es ihm sicher auf eine Beule mehr oder weniger an seiner eigenen Rostlaube nicht an. Doch wie Sie merken, ist mir mein damaliger Retter in bester Erinnerung und unvergesslich geblieben.

Die Sache mit dem Sturm

Im letzten Frühjahr gab es Sturm. Na ja, werden Sie denken, Sturm gibt es öfter. Aber dieser schien ein besonderer Sturm zu werden.

Die Wettervorhersage verkündete an einem Dienstag die ersten Hinweise, dass da etwas Turbulentes auf uns zukommt. Hach, dachte ich so vor mich hin, die mit ihren Übertreibungen schon wieder. Mit was die einem immer Furcht einflößen wollen. Am Mittwoch war aus dem zu erwartenden Sturm bereits ein Orkan geworden. Ich saß derweil gemütlich auf dem Sofa und war kurz vorm Einschlafen. 19.20 Uhr ist eine wirklich gute Zeit für die erste Schlummerrunde finde ich. So schön entspannend.

Am Donnerstag machte Herr oder Frau Wetterfrosch schon ein bedenkliches Gesicht und erwähnte nunmehr nachdrücklich, dass wirklich ein Orkan zu uns auf dem Vormarsch sein würde. Da fing ich an zu grübeln. Was erwarteten die Wetter-Fachleute in diesem Moment eigentlich genau von mir? Sollte ich mir blitzartig einen Bunker graben, so wie die Amerikaner einen haben, wenn ein Twister anrauscht? Doch erstens hatte ich zu nächtlichen Bauarbeiten absolut keine Lust, und zweitens wäre das zeitlich eh nicht mehr zu schaffen gewesen.

Am Freitag wurde der Wetterfrosch dann so richtig energisch und sehr besorgt. Mitten in der Nacht solle es losgehen, im Westen, von der Nordsee her. Nun denn, die Nordsee ist weit, da hat dazwischen vieles Platz, war meine Devise. Herr Wettermann versäumte ebenfalls nicht zu erwähnen, nur hinauszugehen, wenn es unbedingt sein musste, sich keinesfalls in einem Wald aufzuhalten, auch nicht Tage später, es könnten dann immer noch morsche Äste herabfallen.

Jetzt frage ich mich, halten die uns beim Fernsehen alle für völlig plemplem? Wer geht denn während eines Orkans in den Wald? Noch dazu wenn die unheilvoll angekündigten sintflutartigen Regengüsse auf uns niederprasselten, mit Hagel und Gewitter? So etwas würde wohl niemandem einfallen, der noch mehr als zweieinhalb graue Zellen im Gehirn hat. Gut, vorgewarnt waren wir nun genügend.

Irgendwann so gegen Mitternacht verlegte ich meinen Schlafplatz vom Sofa ins Bett, schlief dort kurz ein und wurde unvermittelt vom Prasseln eines heftigen Hagelschauers geweckt. Es heulte und pfiff ums Haus, dass es nur so schepperte. Irgendwer hat mir mal erzählt, wenn es pfeift, sind es mindestens 12 Windstärken. Mit dieser Erkenntnis konnte ich allerdings momentan nichts Sinnvolles anfangen. Bunker stand auch keiner weit und breit zur Verfügung, also beschloss ich zu meiner Sicherheit, die Bettdecke über den Kopf zu ziehen, nur für den Fall, dass das Dach abheben sollte. Dann wäre meine Frisur wenigstens nicht völlig runiert. Außerdem hoffte ich, dass nicht wie beim letzten Mal einer meiner Bäume auf Nachbars Terrasse knallte. Das käme mir reichlich ungelegen. Na gut, dem Nachbarn vermutlich ebenso. Um es vorweg zu nehmen: Am nächsten Morgen waren die Sturmspuren zwar eindeutig, aber soweit war alles in Ordnung.

Doch wieder hatte ich etwas gelernt: Ab und zu stimmen die Wettervorhersagen tatsächlich.

Die Sache mit den Träumen

Wie man zwischenzeitlich weiß, sitze ich relativ viel am Computer. Da tippe ich so vor mich hin, denke an nichts Böses, aber dann denkt plötzlich jemand schriftlich an mich - pliiing. Was ich zuerst mal nett finde.

Denn oft sind es Freunde, doch manchmal sind es auch irgendwelche Versandhäuser, bei denen ich vor hundert Jahren mal was gekauft habe - und dann kommen sie massenweise, die ungebetenen Spams. Was die so alles veranstalten, um mich zu überlisten und zum Öffnen ihrer Mails zu veranlassen ... Von wirklich wichtigen Meldungen meiner Bank bis zu Anpreisungen des Nutzens von Viagra & Co. ist alles dabei.

Natürlich habe ich einen Spamfilter, aber der arbeitet nach einem mir nicht immer nachzuvollziehenden Prinzip. Also lösche ich ungerührt alles und lese nur das, was mich interessiert - von Absendern, die ich kenne.

Und eines Tages kam sie die Mail, die lang erhoffte, die alles versprechende Mail, die schlagartig mein Leben verändern würde. "Herzlichen Glückwunsch, Sie haben gewonnen!" stand da. Jetzt endlich würde mein neues Leben losgehen, endlich, endlich konnte ich meine Freundin anrufen und sagen: "Komm, wir verreisen – die Kosten spielen keine Rolle!"

Ich sah mich schon die Koffer packen – doch: Halt! Mit den Klamotten, die ich hatte, könnte ich keinesfalls auf Weltreise gehen, und der Koffer war einer Millionärin ebenso absolut nicht würdig. Also wurde der imaginäre Koffer in die Ecke geschmissen, und ich begab mich im Geiste auf eine Shoppingtour, um mich millionärsmäßig einzukleiden. Von Kopf bis Fuß, drunter und drüber, alles vom Feinsten. Ich lehnte mich entspannt zurück, schloss die Augen und widmete mich dieser (gar nicht so) seltenen Krankheit, die da heißt "Galoppierende Fantasie".

Aber vor das Vergnügen haben die Götter bekanntermaßen den Schweiß gesetzt, was in meinem Fall hieß, die Kennung der Lottogesellschaft suchen. Frei nach dem Motto "Ein Griff - und die Sucherei geht los", fand ich sie nach geraumer Zeit tatsächlich. Schnell tippte ich die Zahlenfolge ein, verhaspelte mich vor lauter Aufregung natürlich dreimal, weil ich es nicht erwarten konnte, den Supergewinn auszugeben, von dem das Finanzamt noch dazu ganz offiziell wunderbarerweise nichts abbekommen würde - und dann fuhr sie hoch, die Zahl: 10,60 Euro.

Meine Landung auf den Boden der Tatsachen war höchst unsanft, um nicht zu sagen brutal. So sehr ich auch blinzelte, die Summe veränderte sich nicht. Für eine Weltreise langte das nun auf keinen Fall. Allenfalls würde ich mit dem Bus zum Bahnhof kommen. Na gut, würde ich halt lieber gleich hierbleiben.

Wenigstens jedoch habe ich einige reiche, millionenschwere, wundervolle Minuten in meinem Leben gehabt.

Außerdem war es sehr weise, dass ich meine Freundin nicht schon nach meiner ersten überschäumenden Begeisterung mit meinen/unseren Weltreise-Plänen überfallen hatte.

Die Sache mit der Küche

Nur ungern gebe ich es zu: Kochen gehört absolut nicht zu meinen Lieblingsbeschäftigungen, geschweige denn zu meinen Hobbys. Nein, da gibt es viele andere, für mich weitaus interessantere.

Küche buchstabiere ich deshalb logischerweise so:

K - kochende

Ü - Übermutter

CH - Chronischer

E - Esser

Wirklich unsympathisch. Übermütter sind mir sowie unheimlich, kochende geradezu furchterregend. Der geneigte Leser wird sich also bereits locker vorstellen können, dass ich weder eine Übermutter noch eine leidenschaftlich kochende dieser Gattung bin. Womit er völlig recht hat.

Um die Küche mache ich so oft es geht einen Riesenbogen. Nicht, dass ich meine Küche nicht leiden kann. Ich habe sie mit viel Begeisterung ausgesucht, dabei Pläne schmiedend, was man in dieser Küche alles kochen kann, nein, könnte. Doch leider hat die räumliche Gestaltung keinerlei Einfluss auf mein Kochvermögen. Ich weiß, ich weiß, es gibt Frauen, die brutzeln, backen, kneten, dass es eine Wonne ist - das Höchste der Gefühle stets in ihrem leuchtenden Blick: "Wie kann ich meine Familie durch gelungene Gerichte glücklich machen?"

Meine Familie ist – ich muss es zerknirscht zugeben – halt unglücklicherweise mit einer Köchin gesegnet, deren größte Fertigkeit darin besteht, zielsicher in einem Geschäft Gerichte zu finden, die eins, zwei, drei in Windeseile zubereitet sind.

Größere Einladungen rufen augenblicklich eine steile Gänsehaut auf meiner Haut hervor. Gott sei Dank habe ich stets die Nummer eines verlässlichen Partyservices bei der Hand. Klar ist das eine kostspielige Angelegenheit, aber wenigstens kann ich sicher sein, dass meine Gäste die Einladung unbeschadet überstehen.

Ich höre sie aufschreien, die begeisterten Köchinnen, die die Kunst beherrschen, in null Komma nichts eine Gans zu füllen (natürlich eine frische, eine zertifizierte Bio-Gans vom Markt), diese in den Ofen zu schieben und alle halbe Stunde akribisch zu begießen. Oder was immer man für ein knusprig-saftiges Ergebnis tun muss. Allerdings gibt es Gans bei uns sowieso ausgesprochen selten, also eher so gut wie gar nicht. Mir tun die armen Tiere einfach zu leid. Und ich versäume keine Gelegenheit, meine Familie bei Ausflügen auf die bedauernswert gemästeten Kreaturen hinzuweisen, die noch im November munter durchs Gras hopsen, nicht ahnend, dass die diversen Bratöfen für sie schon vorgeheizt sind. Und offensichtlich waren meine nimmermüden Schilderungen dermaßen anschaulich, dass irgendwann auch der gesamten übrigen Familie der Appetit auf Gans verloren gegangen ist.

Wahrscheinlich liegt es an meiner Fantasie. Es fällt mir halt leichter, einen Salatkopf zu verzehren als ein Stück von einem (armen) Schwein. Zwangsläufig gehen meine Gedanken dann auf Wanderschaft, was wohl aus dem Rest des Tieres geworden ist. Es wird sich ja wohl mein Schnitzel nicht freiwillig aus dem Bauch hat entfernen lassen. Und auf drei Beinen steht ein Schwein ebenfalls garantiert sehr schlecht.

Wenn meine Familie mich heutzutage wieder einmal ermuntern will, doch Fleisch, Wurst und Co. zu essen, dann kriegen sie wahlweise zur Antwort: "Ich esse nichts, was ein Gesicht hat." Oder auch: "Ich esse nichts, was Eltern hat." Dann ist Ruhe.

Aus diesem Grund geht es in meiner Küche halt etwas bodenständiger und möglicherweise einseitiger zu. Wenn es sein muss, schnippele ich natürlich Salat oder Gemüse. Das soll sowieso alles viel gesünder sein als Fleisch – und schmecken tut's zudem sehr gut.

Bevor hier außerdem jemand verbal das Messer wetzt, um sich zwecks "kulinarischer Vernachlässigung der Familie" auf mich zu stürzen, muss ich sanft errötend zugeben, dass ich einige (vegetarische) Gerichte ganz gut hinbekomme. Es pflastern also keine verrotteten (Familien-)Skelette meinen Lebensweg, was bedeutet: Es ist noch niemand wegen meiner nicht vorhandenen Koch-Leidenschaft verhungert.

Ins Grübeln ob meiner Kocherei geriet ich jedoch einmal sehr nachhaltig, als ich einesTages Besuch von einer Bekannten bekam, tragischerweise einer ausgezeich-neten Köchin. Sie erklärte mir nämlich stirnrunzelnd und zugleich anklagend, dass sich bei meiner schönen Küche und meinen entgegengesetzten Künsten dazu der Ausdruck aufdrängen würde: Hier sind Perlen vor die Säue geworfen.

Kochen konnte ich danach zwar nicht besser, doch jene Besucherin musste dieses Elend auch nicht länger ertragen. Spontan erledigte sich an diesem Tag die Bekanntschaft in beiderseitigem Einvernehmen.

Die Sache mit dem Knacken

Es war Montagmorgen, zusätzlich eine unchristliche Zeit, und obendrein ertönte ein unheimliches Knacken. Elegant wie ein Walfisch schwang ich verdrossen ein Bein aus dem Bett. Na gut, der Tag konnte beginnen. Knack, ich hielt inne, schwang vorsichtig das andere Bein aus dem Bett - und da war es wieder, dieses unheimliche Geräusch. Erst einmal machte ich den Versuch, wenigstens ein Auge zu öffnen, ohne Erfolg. Dann das zweite, das ging.

Also schielte ich nach unten, ob sich beim Bett irgendetwas gelockert hatte. Nichts zu sehen. Wie sollte sich da auch etwas lockern? In meinem Bett geht es zurzeit eher bewegungslos zu. Aufmerksam schaute ich nun meine Hündin an, die schon auf Futter wartete, ob sie vielleicht mit den Zähnen klapperte. Aber da kein Gewitter im Anmarsch war, waren die völlig ruhig.

So langsam kam ich zu mir, stieg vollends aus dem Bett und hörte dieses Knacken wieder. Also, das war schon sehr seltsam. Mein Blick glitt über die Holzdecke, ob sich da etwas gelöst hatte: Fehlanzeige. Gut, wie auch immer, dann sollte es meinetwegen knacken. Es war ein altes Haus, da knackte es schon mal ab und zu in den diversen Eingeweiden.

Behutsamen Schrittes begab ich mich unter die Dusche. Als ich die Brause dann abstellte und nach dem Handtuch griff, hörte ich plötzlich ein Knirschen, nein, kein Knacken, sondern ein Knirschen. Jetzt stand es fest: Im Haus war etwas ganz und gar nicht in Ordnung. Vielleicht lief ein Marder über den Dachboden oder der andere Hund knabberte an seinen Krallen. Eine rasche Inspektion in seine Richtung ergab ebenfalls keinen Treffer.

So langsam machte sich eine leichte Gänsehaut in und auf mir breit. Schreckliche Gedanken zuckten durch meinen noch nicht komplett erwachten Geist. Sollte sich hier jemand eingeschlichen haben? Aber die Hunde würden doch jeden angreifen, der hier ins Haus wollte und nicht durfte, es sei denn er hätte ein Leckerli dabei. Außerdem, beruhigte ich mich, wer mich klaut, würde es ganz sicher nicht sehenden Auges tagsüber versuchen, und falls so was nachts stattfinden würde, mich an der nächsten Laterne wieder laufen lassen.

Nachdem ich nichts Ungewöhnliches oder gar Gefähr-
liches feststellen konnte, machte ich mich auf den Weg
nach unten. Weil die Holztreppe ähnlich alt wie das
gesamte Haus war, knackte bei jedem Schritt jede
Stufe. Aber das war alles normal.

Als Erstes mussten die Hunde gefüttert werden. Ich
bückte mich nach den Näpfen, und dabei knirschte es
erneut sehr laut. Vorsichtig langte ich nach dem Nudel-
holz und legte auch gleich mein längstes, stabilstes und
frisch geschliffenes Küchenmesser dazu. Vielleicht
musste ich mich ja heute Morgen in blutrünstiger
Selbstverteidigung üben. Wenn die Hunde nicht schon
vorher versagt hatten, was die Bewachung von Haus
und Hof betraf, hatten sie auf jeden Fall im Moment nur
ihr Futter im Kopf. Die konnte ich als Mitkämpfer getrost
vergessen.

Aber es blieb alles still. Der Kaffee lief durch, mein
Frühstück war fertig, die Hunde waren zum Lüften
draußen, und ich konnte mich in – relativer - Ruhe
meinem Knäckebrot mit Hüttenkäse widmen. Als ich auf
meinen Stuhl plumpste, erscholl jedoch ein Crescendo
von Knacken und Knirschen sowie ein scharfer

Schmerz sowohl im rechten Knie als auch im Genick. Wie elektrisiert ließ ich die gerade ergriffene Zeitung fallen. War es denn die Möglichkeit, dass ich selbst hier so herumknackte und knirschte? Nach gründlicher Überprüfung musste ich mir eingestehen, dass diese verstörenden Geräusche tatsächlich von meinem Knochengestell herrührten. Schreck lass nach, jetzt ging es aber los! Das Alter nahte mit Grausen. Okay, in meinem Fall mit unüberhörbarem Knirschen.

In Zukunft werde ich dieses grässliche Geknackse schlichtweg nicht mehr beachten, es sei denn, es steigert sich zu einer Sinfonie. Dann wäre es Zeit, über die lukrativsten Vermarktungsrechte nachzudenken. Etwas Positives sollte dabei schon herauskommen.

Es gibt allerdings einen, wenn auch schwachen, jedoch grundsätzlichen Trost: Wenn einem morgens beim Aufstehen nichts wehtut, könnte es sein, dass man schon hinüber ist, wenigstens ab einem gewissen Alter. Sie verstehen sicher, was ich meine …

Die Sache mit dem Gesetz

Manchmal geraten wir alle mal mit dem Gesetz in Konflikt, mehr oder weniger. Der werfe den ersten Stein, der …

Heute Morgen, als ich die Post holte, lagen zwei Schreiben im Briefkasten. Eines von der Staatsanwaltschaft und eines von der Justizbehörde. O Gott! Mein Herz rutschte schlagartig in die Tiefe – und blieb in meinen Knien stecken, die ob des ungewohnten Besuches heftig zu zittern begannen. In meinem Kopf klapperten sofort stressartig die verschiedenen Schubladen mit ihren Anfangsbuchstaben. Auf dem Weg zum Haus öffnete ich hastig Schublade T – wie Ticket, dann W – wie wieder einmal zu schnell gefahren, hinterher S – sehr viel zu schnell zu gefahren, und schließlich noch P – wie Punkte in Flensburg und F - wie Führerschein weg.

Bevor ich noch G – wie Gefängnis, öffnen konnte, war ich in der Küche angekommen, griff nach einem Messer – nein, nicht um mich zu meucheln, sondern um die Briefe mit bebenden Fingern zu öffnen … und da fiel es mir wie Schuppen von den Haaren – äh, den Augen.

Vor einiger Zeit hatte ich mal Anzeige bei der Polizei erstattet, weil mir dauernd was aus dem Garten geklaut wurde. Und nun teilte mir das Amt mit, dass die Suche nach dem/den Täter/n erfolglos eingestellt worden war, weil niemand zu ermitteln war.

Es liegt mir total fern, irgendjemandem etwas zu unterstellen, aber ob da wirklich jemand etwas ermittelt hatte, ist und war gewiss eine Glaubenssache. Doch auf den Schreck hin (und um mein schlechtes Gewissen zu besänftigen) beschloss ich zumindest, erst einmal ein bisschen langsamer zu fahren. Beim nächsten Mal könnte es ja wirklich ernst werden, also mir höchstpersönlich womöglich an den Kragen gehen. Was ich ausgesprochen gerne wie dringend vermeiden möchte.

Gott sei Dank nahm mein Herz diese Angelegenheit nicht weiter krumm und wanderte netterweise binnen Kurzem kommentarlos wieder an seinen angestammten Platz. Deshalb hörten auch die Knie auf zu zittern, was sehr erleichternd und praktisch war. Allerdings vergaß ich hinter meinem Lenkrad gleich wieder, dass ich eigentlich nur noch sehr sittsam und langsam fahren wollte. Natürlich hielt ich meine normale Geschwindigkeit aus gutem Grund ein – denn sonst käme ich bei meinen so weit auseinanderliegenden, verschiedensten Zielen ja nie pünktlich an. So etwas versteht bestimmt jeder.

Gelernt habe ich im Besonderen und Allgemeinen allerdings ebenfalls etwas. Der Mensch, der deutsche im Speziellen, hat bei jeder erst unübersichtlichen Angelegenheit blitzartig ein schlechtes Gewissen.

Die Sache mit den Euro

Es war absolut nicht zu glauben: Gestern leuchtete er noch in voller Schönheit, der Fünfzig-Euro-Schein. Ich wusste das ganz genau, weil ansonsten nämlich nicht das allerkleinste Scheinchen in meinem Portmonee gewesen war. Doch heute war er weg. Ich suchte und suchte und schüttelte alle Quittungen und Belege sowie alle wichtigen und unwichtigen Karten auf den Tisch. Alles da, nur nicht die fünfzig Euro.

Stattdessen erstaunte mich der ebenfalls herausgeschüttelte Inhalt meiner Handtasche. Ich fand Dinge, die ich schon seit Langem suchte oder gar abgeschrieben hatte. Da tauchte beispielsweise die kleine Nagelfeile auf, die ich bereits seit vier Wochen vermisste. Und wieso hatte ich die inzwischen leicht klebrigen Bonbons noch nicht gegessen, die ich für Nahrungs-Notfälle immer mitführte? Notfälle hatte es doch schließlich in der Vergangenheit genug gegeben. Und das Rezept, das ich schon abgeschrieben hatte, weil ich es erstens damals nicht gefunden und zweitens der Husten auch ohne das verschriebene Mittel das

Weite gesucht hatte, war gänzlich unerwartet wieder da. Eine Waschkarte fürs Auto fand sich ebenso. Wie jetzt, mein Auto war doch sauber? Ich musste betreten eingestehen, dass mir der Überblick über das Innenleben meiner Tasche total entglitten war und die Sache mit den fünfzig Euro sowieso.

Dann fielen mir die Hunde ein, und ich rief sie, ob sie vielleicht... Wenn Hunde einen Vogel zeigen könnten, meine hätten es in dieser Sekunde getan. Als Entschuldigung beeilte ich mich, ihnen ein Leckerli zu geben. Mir selbst spendierte ich einen dieser absoluten, unglaublich tröstenden Notfallbonbons.

Was die fünfzig Euro allerdings nach wie vor nicht herzauberte. Ich würde sie doch nicht etwa unwissentlich ausgegeben haben und damit an plötzlichem Gedächtnisschwund, im ersten Stadium gemeinhin bekannt unter dem Begriff des sogenannten Hildesheimer, leiden???

Akribisch ging ich den vergangenen Tag durch. Damit war ich aber gleich fertig. Ich bin lediglich mit den Hunden im Wald gewesen. Und da kann man kein Geld ausgeben, es sei denn bei der langhaarigen blonden

Dame in ihrem Wohnwagen, an der ich auf dem Weg in den Wald vorbei muss. Sie wissen schon. Also da hatte ich sie unter Garantie nicht ausgegeben! Das war nun echt nicht meine Spielwiese. Abgesehen davon hätte ich gar nicht gewusst, ob da fünfzig Euro überhaupt reichen würden.

Es nützte alles nichts, weg war weg. Fünfzig Euro sind eine Menge Geld, speziell wenn man hungrige Tiere hatte. Also machte ich mich auf den Weg zum zweiten Spaziergang des Tages, zog vorher meine Jacke an, steckte das Handy in die Tasche, die Schlüssel gleich hinterher … Halt – was war denn das???

Fassungslos zog ich fünfzig Euro aus der Jackentasche. Wo kamen die denn nun her? Da musste nachts ein Einbrecher im Haus gewesen sein und mir das Geld in die Tasche gesteckt haben. Anders konnte ich mir das wirklich nicht erklären. Oder sollte ich selbst …. nein! Über diese Frage weigerte ich mich ganz entschieden nachzudenken. Das war mir effektiv zu peinlich. Da musste mir eine andere, äh, plausible Ausrede einfallen.

Die Sache mit dem Friseur

Meine Friseurin und ich waren uns einig, so ging das nicht mehr weiter mit meinem kurzen Stoppelschnitt. Ab sofort sollte gezüchtet werden. Meine Güte, war das beschwerlich! Mein Haar wächst zwar so schnell wie Schnittlauch, so grade übrigens ebenfalls, aber trotzdem hätte man während des mühseligen Wachsens und Gedeihens mit meinem Kopf locker den Boden fegen können, will sagen, ich sah aus wie ein struppiger Besen.

Doch endlich kam "der Tag der Tage" – mein Haupt war reif zur Runderneuerung. Erneut trabte ich also zu meiner Friseurin, die mich begeistert empfing. Reingegangen bin ich wie aus der Geisterbahn entsprungen, rausgekommen, als wäre ich auf dem direkten Weg nach Hollywood, na ja, fast. Mittags um zwölf sah ich aus wie – nun ja, wie Karin. K., aber enorm mondän gestylt und exakt wie ein Model aufgebrezelt. Zu meiner größten Verblüffung nahm davon jedoch niemand Notiz. Keiner fiel anbetend vor mir auf die Knie, keiner komponierte aus dem Stegreif eine

Liebesballade – nichts, absolute langweilige Normalität. Die Hunde schielten wie üblich nach ihren leeren Futternäpfen. Nicht mal einen direkten Bettel-Blick gewährten sie mir, aber wenigstens hatten sie mich ohne zu zögern erkannt. Das Pferd blinzelte mich zwar samtäugig an, wollte jedoch damit nur klarmachen, dass es dringend seine Mohrrüben wollte. Der Stallbesitzer wiederum hatte nur Augen für das neue Fohlen. Ja verflixt noch mal, warum war ich überhaupt beim Friseur gewesen, wenn es danach keiner bemerkte??? Jetzt konnte ich nur noch auf den nächsten Tag hoffen.

Die Frage war nur: Wie sollte ich mich des Nächtens frisurschonend betten? Am besten wäre es natürlich, freischwebend zu schlafen – was aber definitiv auf Schwierigkeiten in der Ausführung stoßen würde. Dann vielleicht wie die Geishas in Japan - mit dem Genick auf einem Holzklotz? Nee, mir gruselte. Da käme ich mir vor, wie kurz vor der entscheidenden Bekanntschaft mit dem Fallbeil – viel zu gefährlich. Also entschied ich mich schweren Herzens, die normale Schlafposition einzunehmen. Dann sähe ich halt am nächsten Morgen genauso zerknittert wie üblich aus.

Garantiert würde mich Ende der Woche jemand – mehr oder weniger - bewundernd betrachten und interessiert fragen, ob ich beim Friseur gewesen bin. Allerdings hätte ich **jetzt** ein Kompliment gebraucht, nicht Ende der Woche.

Es ist – jedes Mal - ein Elend: So viel Geld weg, und keiner nimmt Notiz von meiner märchenhaften Verwandlung. Also musste ich mich auch diesmal wieder mit der alten, doch irgendwie tröstlichen Weisheit begnügen: Nur wer verknittert aufwacht, kann sich am Tag entfalten.

Die Sache mit den Formularen

So innig wie mein Verhältnis zu Heckenscheren ist - wie ich ja schon berichtet habe -, so unausgegoren ist es zu Formularen. Was da heißt: Ich brauche ein Formular nur unverbindlich zu betrachten, und schon habe ich einen Fehler darauf gemacht.

Das ist so ähnlich wie bei den Süßigkeiten. Manche Leute können futtern so viel sie wollen und bleiben rank und schlank. Manche brauchen bloß was annähernd Süßes anzuschauen - und schon haben sie ein Kilo mehr auf den Hüften. Aber davon soll hier nicht die Rede sein.

Man weiß also von seinem jeweiligen Defizit, ist jedoch lernfähig. Von jedem Formular, das ich zu Hause aus-füllen muss, wird erst mal eine Kopie erstellt, und dann starte ich sozusagen eine Generalprobe. Hach, das geht wunderbar. Da kann man schmieren, ausbessern, durchstreichen. Sie können sich das wie die schrift-lichen Arbeiten vorstellen, die manche Schüler heutzu-tage als reguläre Schulaufgaben abgeben - was dann allerdings das reinste Jammertal ist. Meine Schmier-

Arbeit soll ja nur als Vorlage dienen.

Jetzt kommt der nächste Schritt. Volle Konzentration ist gefordert, abschreiben kann ja wohl selbst ich. Nun entdecke ich zwar die jeweils richtigen Zeilen, weiß aber plötzlich nicht mehr, wie mein Name fehlerfrei geschrieben wird. Will sagen, ich verschreibe mich vor lauter Nervosität nicht nur bei meinem eigenen Namen, sondern andauernd. Wie das Formular zum Schluss aussieht, brauche ich gewiss nicht mehr extra zu schildern.

Richtig schlimm wird es allerdings, wenn es sich nicht vermeiden lässt, dass ich so ein Unding irgendwo direkt auf einem Amt ausfüllen muss, sozusagen ohne Probelauf.

Also erst einmal in Ruhe durchlesen, dann tief Luft holen und vorsichtig den Kugelschreiber ansetzen - und schon habe ich mich verschrieben. Da hilft nur noch Schielen zum Nachbarn, ob da vielleicht ein echter Formularkünstler am Werk ist, der mir womöglich uneigennützige, samariterliche Spontan-Hilfe anbieten könnte. Ich fasse es immer nicht. Mit Fug und Recht kann ich mich wahrhaftig als völlig selbständige und sehr patente Frau bezeichnen, die beispielsweise mit Bohrmaschine, Schleifer und Akkuschrauber bestens umzugehen weiß. Auch das Autofahren liegt mir sozusagen im Blut, und ich bretter schon mal gerne mit 200 km/h über die Autobahn, und das sehr sicher. Das alles ist ja wohl ein klein bisschen gefährlicher und eine größere Herausforderung - aber nein, für mich bedeuten Formulare die Gefahr schlechthin … mich zu blamieren. Und wenn ich Ihnen jetzt gestehe, dass ich nicht einmal hier während des ungestörten Schreibens das Wort Formular auf Anhieb richtig getroffen habe, kann man das kaum glauben – und es lässt kilometertief blicken ...

Die Sache mit dem Flugzeug

Fliegen ist schön, fliegen ist herrlich, fliegen ist einfach gigantisch. In null Komma nichts von hier nach da - die Welt schrumpft sozusagen vor unseren Augen. Wir haben es wirklich gut, wir können uns gemütlich in ein Flugzeug setzen und schwuppdiwupp sind wir schon am weit entfernten Wunsch-Ziel gelandet.

Einfach wunderbar, wenn, ja, wenn man nicht Angst vorm Fliegen hat. Jahrelang konnte mir alle Welt erzählen, das Flugzeug sei das sicherste Verkehrsmittel der Welt - ich fühlte mich schwachsinnigerweise in meinem Auto weitaus sicherer. Auch so sinnige Sprüche wie "Runter kommen sie immer", konnten mich nicht unbedingt beruhigen. In meiner galoppierenden Fantasie konnte das stets ganz plötzlich sein, das Runterkommen meine ich.

Trotz dieser enormen Flugangst schaffte ich es jedoch, nach Amerika zu fliegen. Bei jedem Rucker, bei jedem Schwanken machte ich innerlich mein Testament. Und das elf Stunden lang. Ich glaube nicht, dass irgendjemand auf der Welt in so kurzer Zeit so oft sein Testament geändert hat. Dass wir unbeschadet am richtigen Ort gelandet sind, war für mich ein Wunder.

Und dann kam die Wende, nein nicht **d i e** , sondern meine persönliche Wende. Auf einen massiven Schicksalsschlag, der meine Welt aus den Angeln gehoben hatte, folgte die Entscheidung zu einem sehr spontanen, relativ kurzen Flug - und siehe da, die Flugangst war plötzlich wie weggeblasen. Weg, einfach weg. Das Schlimmste in meinem Leben war mir sowieso schon passiert, was sollte da also noch kommen?

Entspannt lehnte ich mich zurück, während das Flugzeug startete und kurz danach direkt in eine Gewitterfront flog. Es wurde der bisher gefährlichste und abenteuerlichste Flug meines Lebens. Die Turbulenzen schüttelten uns wild auf und ab, und um mich herum schrie alles panisch durcheinander. Ich hatte die Augen geschlossen, machte **k e i n** Testament und wartete stattdessen in aller Ruhe und Schicksalsergebenheit darauf, dass wir abstürzten. Das taten wir glücklicherweise nicht. Für den Piloten war das vermutlich sowieso nur eine seiner leichtesten Übungen, die Maschine in einem solchen Unwetter auf Kurs zu halten.

Als wir sicher gelandet waren, verkündete ein etwas weißgesichtiger Herr vor mir, er würde ab sofort nicht mal mehr näher als 25 km an einem Flughafen vorbeigehen, geschweige denn, jemals wieder einen Fuß in eine solche Kiste setzen. Und ich??? Ich flog kurz nach diesem Ereignis völlig entspannt und heiter von Deutschland nach Kanada.

Und die Moral von der Geschicht'? Nichts ist so schlimm, als dass sich später daraus nicht doch noch etwas Gutes entwickelt.

Die Sache mit der Eieruhr

Männer lieben Eieruhren. Davon bin ich überzeugt. Also nicht jene, bei denen man auf einen Knopf drückt, und dann rattern digitale Ziffern. Nein, die meine ich nicht. Sondern diejenigen, welche es vor den viel zitierten hundert Jahren gab, als noch so ein bisschen eifriger Sand durch eine Öffnung rieselte, und dann waren fünf Minuten um. Wenn also der Sand durch war, waren die Eier fertig gekocht.

Was will ich denn damit sagen? Die ersten Leser blättern schon kopfschüttelnd weiter unter dem Motto: Jetzt spinnt die Karin total.

Nein, nein, ich bestehe darauf: Männer lieben Eieruhren. Okay, nicht unbedingt mit Sand gefüllt, aber figurmäßig, die Frauen. Oben viel, dann eine zarte, mühelos von zwei Männerhänden zu umspannende schmale Taille, dann wieder ein paar entzückende Rundungen. Eine Eieruhr-Figur halt.

Mich bringt man auf jeden Fall damit keinesfalls in Verbindung, an eine Eieruhr denkt da niemand nur im Entferntesten. Aber so langsam schleicht sich diese Figurform als Idealbild erneut in die Köpfe, auch bei den Frauen. Man sieht tatsächlich jetzt schon wieder einige ab und zu so heftig geschnürt, dass ich allein beim Anblick akute Atembeschwerden bekomme und ich aus lauter Mitgefühl schützend nach meiner Milz taste, na ja, oder nach der Leber, keine Ahnung, aber halt auf jeden Fall nach meinen bedrohten Innereien.

Bei mir scheint zumindest – was das betrifft - noch alles am Platz zu sein. Bei diesen geschnürten Damen kann das auf gar keinen Fall mehr stimmen. Leber und Milz haben garantiert ihren neuen Platz zwecks Verdrängung im BH gefunden, der Magen könnte etwas kropfmäßig unter dem natürlich nicht vorhandenen Doppelkinn hängen. Und die Nieren sind sicher auf die Hüften geklettert, weshalb die so hübsch rund anzusehen sind. Aber die Taille, die ist wespenmäßig bilderbuchhaft schlank. Nur summen tut die dementsprechend Schöne nicht - und stechen wahrscheinlich ebenso wenig. Höchstens unfreiwillig mit einem Korsettstachel, wenn ihr definitiv die Luft wegbleibt und sie um selbige unkoordiniert – wegen der Ohnmacht, versteht sich - kämpfen muss.

Nachdem man dieses Schnüren ja nicht alleine vollbringen kann, müsste es doch eigentlich dazu eine Kammerzofe geben, die als Dienstleistung auch gleich noch das rettende Beatmungsgerät unauffällig hinterherträgt. Halt nur für den Notfall. Aus diesem mittelalterlichen Mief der Schnürungen und sonstigen Verirrungen hatten wir uns doch vor einiger Zeit erfolgreich befreit, nun geht das schon wieder los!

Eines habe ich fest entschieden: Bei mir wird nichts geschnürt. Erstens, weil ich weder eine Kammerzofe noch ein Beatmungsgerät habe. Und zweitens, weil ich ab und zu gerne mal aus tiefstem Herzen Luft hole und überhaupt gerne durchschnaufe. Außerdem: Hat schon mal jemand einen eieruhrfigurmäßigen Mann gesehen? Ich nicht. Die meisten ähneln eher einem kleinen gemütlichen Fässchen – okay, manche auch einem Sixpack. Weder bei ihnen noch bei uns weiblichen Wesen besteht also eine Notwendigkeit, Eieruhren zu züchten.

Gleiches Recht für alle!

Die Sache mit dem Schwimmen

Neulich war es warm – sehr warm sogar, und ich mag Wasser, sehr sogar. Allerdings nicht, wenn es mir von der Stirn tropft, sondern lieber zur Erfrischung.

Neulich war es nicht nur warm, sondern ich hatte auch GKT – GroßKampfTag. Also dachte ich nach getaner Arbeit zufrieden vor mich hin, ein kleines Bad hätte ich mir redlich verdient. Im Garten steht ein kleiner runder Pool herum, von mir gereinigt und mit genügend Wasser befüllt. Jedoch verflüchtigt sich das kostbare Nass immer wieder durch ein winziges, nicht zu ortendes Loch, was aber an diesem Tag unerheblich war.

Nachdem direkt neben dem Pool ein riesiger Kirsch-baum steht und die Stare zuverlässig die von ihnen an-gepickten Kirschen genau in den Pool gespuckt haben (was eine mächtige Schweinerei ist), hatten wir eiligst Abhilfe geschaffen: Der Pool war mit einer festen Plane abgedeckt, die naturgemäß einer spontanen Baderunde etwas hinderlich ist. Aber wenn frau sich etwas in den Kopf setzt, nämlich baden, hält sie nichts zurück.

Als Erstes wuchtete ich die schwere Plane mühevoll herunter, ohne die angenagten, verrottenden Kirschen darauf ins Wasser zu befördern, die natürlich in höchst unappetitlichen Mengen großzügig von den Staren dort verteilt worden waren. Dann griff ich mir einen Kescher, um damit etliche Blätter, die sich merkwürdigerweise unter der Abdeckung auf dem Wasser befanden, herauszufischen. Mittlerweile hatte ich auch schon meinen Badeanzug angezogen, was die Hitze zwar weder vertrieb noch angenehmer machte - aber die herrliche Abkühlung war ja zum Greifen nahe.

Zielstrebig stieg ich schließlich über die Leiter hinein ins verlockende Nass. In Windeseile mutierte mein rechtes Bein zur Tiefkühlkost, und meiner Brust entrang sich ein entsetztes ultimatives Röcheln, denn ein Schrei hätte zu viel Kraft gekostet. Gleichzeitig schlug die Schwerkraft zu, und das zweite Bein versank wie von selbst ebenfalls im Wasser, worauf ich auch linksseitig ruckartig vereist war. Na gut, im linken Bein kribbelte es wenigstens noch ein wenig.

Nun zeichnen sich manche Frauen ja durchaus durch Hartnäckigkeit aus, also grabschte ich mir erneut – und nahezu unbeirrt - den Kescher, fischte alles heraus, was nicht in ein sauberes Bad gehörte und ignorierte stoisch mein Zähneklappern. Schließlich musste ich mich entscheiden: entweder aufgeben und herausklettern - oder wenigstens einmal bis zum Hals hineintauchen.

Jeder weiß: Beim Eintauchen in kaltes Gewässer ist die Bauchgegend am empfindlichsten. Ich versuchte, bei der Versenkung dieser Problemzone nicht allzu laut zu jammern, nicht dass mir da noch jemand womöglich zur Hilfe eilen wollte, und entschied mich dann spontan fürs totale Untertauchen. Meinem Mund entrang sich ein endgültig entsetztes: "Sch…, ist das kalt", und ich angelte zähneklappernd nach dem Thermometer.16 Grad!!! Wie kann denn so was sein? Draußen waren es brutzelnde 32 Grad, und das Wasser des Pools grenzte an die Temperatur eines Eismeeres! Nun denn, ich bade gerne kalt, echt und ehrlich ausgesprochen gerne. Aber 16 Grad bei dieser enormen Außenhitze wirkten ja schon wie ein heroisches Winterbad, dessen Wasser man sich erst mit einem Pickel durch die Eisfläche erarbeiten muss. Geschwommen bin ich trotzdem, weil ja irgendwann alles abstirbt und man die Kälte nicht mehr so merkt. Außerdem war niemand da, der mich ermahnt hätte, dass nicht nur meine Lippen blau seien. Nach einer Weile hielt selbst ich meine extrem kühle Schwimmrunde für ausreichend, kletterte wieder heraus und fühlte mich wunderbar erfrischt.

Meine persönliche Wasserwohlfühltemperatur schraubte ich ab diesem Zeitpunkt von 18 Grad auf 16 Grad herunter. Demnächst werde ich in einer Mischung aus Erschrecken (über den großen Temepraturunterschied) und Begeisterung (über die wunderbare Abkühlung) wieder hineinsteigen. Vielleicht hat das Wasser dann ja schon 16,5 Grad. Nett wär's schon.

Die Sache mit dem Fernsehen

Seit Tagen saß ich bereits an einer völlig entnervenden, jedoch sehr wichtigen Schreibarbeit. Das Einzige, was mich gestern bei Laune gehalten hatte, war die Aussicht auf den ersten Teil eines spannenden Fernsehfilms am Abend. Also hackte ich unentwegt und ohne Pause auf meine Tastatur, um mir mein gemütliches Abend-programm auch redlich zu verdienen.

Endlich, endlich konnte ich mich ruhigen Gewissens vor die Nachrichten setzen, die ich samt der Wetterkarte in hellwachem Zustand verfolgte. Und dann freute ich mich auf den hochgelobten Film.

Der Vorspann lief ab, und ich verfolgte – schon vor-sichtshalber in sehr aufrechter Position auf dem Sofa, schließlich kennt mich keiner so, wie ich mich selbst – höchst interessiert die Handlung. Und dann weiß ich nur noch, dass die Hauptdarstellerin kurz nach dem Anfang des Films gemeinerweise (und natürlich unschuldig) im Gefängnis gelandet war … und ich in entspannender Liegeposition in voller Länge auf dem Sofa. Wieder mal war es passiert: The same procedere as every evening.

Erschöpft von des (sehr frühen) Tages Müh hatte ich tief und fest geschlafen. Wach wurde ich erst wieder, als die Musik zum finalen Crescendo ansetzte, weil der eine Hauptdarsteller just mit unüberhörbarem Kawumm erschossen wurde - womit der erste Teil des Films beendet war.

Ärgern nutzte nichts mehr, abgesehen davon, dass ich bestens ausgeruht war. Die Tatsache, dass ich mir vor der Ausstrahlung des zweiten Teils, der am nächsten Abend gesendet werden würde, nun mal wieder die Mosaik-Steinchen der Handlung selbst zusammenreimen durfte, war fast so spannend wie dieser Fortsetzungsfilm angekündigt worden war.

Das Gute war, dass das Ganze meine Fantasie enorm ankurbelte. Das weniger Gute lag wie üblich im Bereich des Logischen bzw. Sinnvollen. Wer wusste schon, was sich die Autoren so ausgedacht hatten, wovon ich naturgemäß keine Ahnung hatte?

Selbst vom Klassiker "Casablanca" kannte ich jahrzehntelang nur den Anfang und das Ende, bis ich mir eines Nachts einen extra starken Kaffee aufbrühte. Und siehe da: Plötzlich hatte der Film für mich einen völlig neuen Mittelteil, der viel aufregender war, als ich mir den in meiner blühenden Fantasie ausgemalt hatte.

Not macht erfinderisch – und obendrein reich an überraschenden Erkenntnissen.

Die Sache mit dem Kaffee

Also wirklich, Kaffee trinken ist gefährlich, manchmal megagefährlich.

Da sitze ich also nichtsahnend am Computer, als mich eine leichte Müdigkeit anfliegt. Sofort geht die Schublade K wie Kaffee in meinem geistigen Oberstübchen auf, und ich schreite zur Tat, will sagen in die Küche. Die Kaffeemaschine steht gleich neben dem Fenster. Ich fülle sie, und zwangsläufig fällt danach mein Blick auf die Straße und auf die gegenüberliegende Baustelle.

Huch, was war denn das? Jede Menge Polizeiautos! Kurzzeitig vergesse ich Kaffee und Computer und schlucke einmal heftig. Ob die da wohl Schwarzarbeiter suchen? Flugs rufe ich mit der einen Hand die Nachbarin an, mit der anderen rücke ich die Brille zurecht und greife dann zum mittlerweile fertigen Kaffee. So ein Gespräch kann ja schließlich dauern. Die Nachbarin ist jedoch nicht da. Also kann sie mich mit keinerlei Unterstützung oder gar Wissen versorgen.

Stirnrunzelnd schaue ich erneut hinaus und kann mir diesen Riesenpolizeiaufwand partout nicht erklären, bis … ja, bis plötzlich mein Blick auf die Beschriftung des einen Fahrzeugs fällt. Übergangslos fangen meine Knie wieder einmal an, ein seltsames Eigenleben zu führen - will sagen, sie schlottern.

Was da dick und fett zu lesen ist, heißt in etwa Kampf-mittelbeseitigungsdienst. Meine Augen quellen kurz-fristig ungefähr einen Zentimeter aus ihren Höhlen, und dann öffnet sich dankenswerterweise wie von selbst die Schublade L, wie Logik, meines vorübergehend schlag-artig unbesetzten Oberstübchens:

Wenn da tatsächlich eine Bombe läge, würden die erstens nicht so relativ gemütlich auf der Baustelle herumlaufen. Zweitens wären wir garantiert alle schon evakuiert, und drittens sind Leute von der Zeitung, die ich jetzt erkenne, zwar neugierig, aber nicht lebens-müde. Also meistens jedenfalls nicht.

Gegenüber sammelt man einige, für mich unidentifizier-bare Teile ein, die aber recht handlich wirken und in einem Eimer Platz finden. Nachdem das Ganze in aller Ruhe stattfindet, fange ich an, mich zu langweilen und gehe nunmehr hellwach - durch die Beobachtungen und den genossenen Kaffee - an meine Arbeit. Beim nächsten Kaffee ist vor dem Küchenfenster von der gesamten Invasion nichts mehr zu sehen. Was der Wunsch nach einer Tasse Kaffee Aufregendes mit sich bringen kann ...

Es ist mir leicht peinlich es zuzugeben, aber am nächsten Morgen hatte ich es etwas eiliger als sonst, die Zeitung hereinzuholen. Ja - und da stand es dann schwarz auf weiß. Eine erkleckliche Anzahl von Gewehrkugeln aus dem Zweiten Weltkrieg hatte die Kampfmittelbeseitiger in Alarmbereitschaft versetzt. Nun denn, weitaus besser als eine scharfe Fliegerbombe oder so was.

Die Sache mit der Fahrt nach Hamburg

Für viele Menschen ist das absolut nicht normal: Aber ich liebe sowohl regelmäßig funktionierende als vor allem auch schnelle Autos. In irgendeinem vorherigen Leben muss ich mal Rennfahrerin gewesen sein. Was im Übrigen heißt: Die linke Spur der Autobahn ist meine. Nicht, dass ich aggressiv und licht-hupenderweise durch die Gegend rauschen würde. Nein, nein, ich fahre halt einfach nur gerne sehr zügig.

Eigentlich sollte ich in meinem Alter - den Klischees entsprechend - mit feinem Kompotthütchen und schützendem Mantel dicht hinter dem Lenkrad klemmen und sowohl angestrengt als auch ängstlich in den feindlich tobenden Verkehr lugen. Das alles natürlich immer brav langsam rechts, damit die LKW links vorbeidonnern können. Mir persönlich würde das weder Spaß machen noch eröffnet sich mir der Sinn dieser angeblich altersgerechten Zuckelei. Denn meine fünf Sinne sind nach wie vor in bestem Zustand.

Mein Auto kennt es nicht anders und liebt es ebenfalls, sein Äußerstes an Geschwindigkeit zu geben. Am besten fährt es allerdings, wenn es in Richtung Werkstatt geht. Da rattert nichts, was vorher ratterte. Da zeigt der Computer nicht die Spur von Fehlern an, die vorher jedoch hundertprozentig existierten. Mein Auto hat über alle Fertigkeiten hinaus also auch eine Seele - und diese Seele liebt die Werkstatt und will ihr offenbar schmeicheln. Ich liebe sie weniger, aus den bestimmt allseits bekannten Gründen.

Das Seelenleben meines Autos sträubt sich auf der anderen Seite sofort, wenn das Wort Hamburg fällt. Nach Hamburg mag mein Auto nicht, weder schnell noch langsam. Mindestens fünfmal habe ich auf dem Weg nach Hamburg bereits nach ein paar Metern eine Panne gehabt. Das Auto grinste frech (ehrlich, ich hab's genau gesehen!), weil es wieder zurückging in die schon erwähnte, von ihm heiß geliebte Werkstatt.

Nach eingehender Beratung bin ich mit dem Monteur übereingekommen, das gute Stück schlicht mit einer Notlüge in die Irre zu führen. Also fahre ich offiziell jetzt nicht mehr nach Hamburg, sondern nach, sagen wir, Timbuktu. Und Sie werden's kaum glauben – aber es klappt. Mein Lebensabschnittspartner schnurrt seitdem willig gen – äh – Timbuktu.

Da sage noch einer, Autos seien bloß Maschinen. Nein, nein, Autos sind auch nur Menschen - irgendwie.

Die Sache mit den Anzeigen

Irgendwann kommt jeder mal in das Alter, in dem er die Zeitung von hinten nach vorne liest, also als Erstes die Traueranzeigen. Kaum derer ansichtig, stöhnt er entsetzt auf, wie jung die dahingeschiedenen Leute noch waren - ist man selber doch schon … murmel, murmel. Großes Stirnkrausen ob des zu erwartenden kurzen Lebens, dessen Falten sich aber in dem Moment etwas glätten, in dem man ab und zu tatsächlich in den Anzeigen eine verblichene Hundertjährige findet. Das lässt hoffen.

Ich persönlich habe da eh einen Oberknall und muss dringend obendrein noch die liebevollen oder manchmal auch krausen Zeilen lesen, die die trauernden Hinterbliebenen oft dazuschreiben. Manche rühren einen fast zu Tränen, und bei manchen merkt man deutlich, dass sie aus der großen Auswahl der "Trauertext-Vorschlags-Liste" gegriffen sind.

Was mir aber immer die Stirne in tiefste Plissee-Falten legt sind Anzeigen, die Firmen über ihre Mitarbeiter verfassen. In schöner Regelmäßigkeit wird da der komplette Werdegang beschrieben, wie gut der hoch-geschätzte Verstorbene seine Arbeiten erledigt und was für eine große Lücke er hinterlassen hat. Da wird also sozusagen ein Zeugnis posthum ausgestellt. Wäre es nicht besser, das in geeigneterer Umgebung, nämlich zu Lebzeiten zu erwähnen? Oder sollte man sagen, besser spät als nie?

Da muss ich noch eine Weile drüber nachdenken – okay, spätestens bis zum Frühstück, da gibt es die neue Zeitung …

Die Sache mit den Ameisen

Also Leute, ich glaube, ich muss zum Optiker. Gestern hatte ich eine Hummel im Wohnzimmer. Zwar ist die naturgeschützt, ich weiß, ich weiß, aber trotzdem ein beliebtes Jagdobjekt für meinen Hund. Die wilde Jagd ging über Tisch und Bänke - so lange, bis das Wohnzimmer aussah wie ein Handgranaten-Übungsstand. Dem konnte ich natürlich auf Dauer nicht unbeteiligt zusehen. Also rüstete ich mich ebenfalls zur Jagd, natürlich nicht dank der Pfoten, äh, Hände, ich bin ja nicht wahnsinnig. Kurzsichtig vielleicht, aber nicht wahnsinnig. Auf diesen kleinen, aber feinen Unterschied lege ich sehr großen Wert. Ach, ich komme schon wieder vom Thema ab.

Also, ich jagte mit einem Handtuch. Es gelang mir, die Hummel sanft einzufangen, wickelte sie vorsichtig ein und ließ sie draußen im Garten frei. Dann gab ich dem ungeduldig wartenden Hund das Tuch, weil der natürlich dachte, die Hummel wäre da noch drin. Dass er erst gierig hechelnd das Tuch untersuchte und schließlich enttäuscht schnaufend davon abließ, störte mich absolut nicht.

Nach dieser Aktion griff ich zum Staubsauger und entfernte die Erde auf der Fensterbank. Offenbar war da wohl der Topf eines Kaktus' in Mitleidenschaft gezogen worden. Natürlich gab es ein paar strenge Blicke in Richtung Hund, aber dann war die Sache vergessen und erledigt.

Bis zum nächsten Morgen - da bedeckte die Erde wie gehabt die Fensterbank. Jetzt wurde ich unfreundlich zum Hund und richtete einige nicht druckreife Formulierungen an ihn. Der Hund wedelte fröhlich und betrachtete mich interessiert. Bei so viel Unverständnis blieb mir nur eines übrig: The same procedere like last day. Heißt: Staubsauger geholt und alles wieder weggesaugt.

Am nächsten Morgen, Sie ahnen es schon, war die Erde wieder verstreut. Jetzt ging ich der Sache auf den Grund, was da hieß, ich setzte endlich die Brille auf. Und da sah ich es. In dem großen Blumentopf hatten sich Ameisen breit gemacht. Ein richtiger, ordentlich gebauter Ameisenhaufen war dort entstanden, mitten im

Wohnzimmer! Es wuselte wie beim Pyramiden-Bau höchst emsig und sehr kontrolliert auf offenbar festgefügten Wegen auf der Fensterbank. Erst mal war ich echt beeindruckt, wie die Ameisen zielstrebig von ihrer auserkorenen neuen Heimstatt sonstwohin eilten, um was-auch-immer hin- und herzuschleppen. Diese fleißigen Winzlinge waren auf mich ganz sicher nicht gut zu sprechen, nachdem ich ihre kunstvolle Arbeit ständig schnöde weggesaugt hatte. Der Hund grinste kenntnisreich (ich schwör's Ihnen, er hat's wirklich getan!) und verfolgte mit einer gewissen Genugtuung, dass ich vor mich hinmurmelnd wieder mit dem Staubsauger anrückte. Es nützte ja nun alles nichts, erst musste die frisch gebaute Ameisen- und Erde-Straße erneut verschwinden, und dann sollte irgendetwas geschehen, was mir die alleinige Herrschaft über mein Wohnzimmer zurückgeben würde. Also besorgte ich eine Köderdose. Und das bei meiner Tierliebe!

Aber - und das muss hier unbedingt erwähnt werden - dem Kaktus ging es richtig gut mit seinen Haus- äh, Erdbesetzern, er war wunderbar gewachsen und gediehen. Doch seine Liebe zu der krabbelnden Schar konnte und wollte ich nicht teilen. Die Ameisenstraße wurde getilgt, und der Kaktus wanderte ins Freie auf die Terrasse – falls sich die wuseligen Bewohner nicht von ihm trennen konnten. Es wäre nett, wenn statt solcher Mini-Haus-besetzer morgen mal ein Elefant in der Küche stehen würde - oder eine Giraffe, denn das wäre äußerst praktisch und hätte mächtig viele Vorteile.

Beide würden an die Schränke ganz oben rankommen, und beide könnten dort ohne Anstrengung wischen. Eimer und Lappen würde ich ihnen herzlich gerne zur Verfügung stellen – diese Tiere sind schließlich sehr intelligent und lernfähig, oder? Anschließend könnten sie im Garten Unkraut zupfen, und speziell der Elefant könnte die Blätter vom Pool saugen. Für die Giraffe würde sich Kirschen- oder Äpfelpflücken eignen. Oder sie könnte ganz locker die Dachrinnen säubern. Arbeit gäb's wirklich genug und es würde ihnen nie langweilig bei mir. Allerdings – wenn ich an die Futterrationen denke ... sind sie doch wohl besser, äh, anderswo aufgehoben.

Die Sache mit dem Urlaub

Normalerweise packe ich den halben Hausstand in mein Auto, wenn es in den Urlaub geht. Immer rein in das gute Stück. Das meiste von dem ganzen Kram braucht kein Mensch, aber mit muss es. Weiß ich vielleicht, was ich am Dienstagabend um 18.45 Uhr anziehen möchte? Na, also! Besser man sorgt vor und nimmt reichlich für sämtliche Eventualitäten mit.

Ja, aber was macht man, wenn bei einer Flugreise nur 20 kg erlaubt sind und das Handgepäck nicht allzu umfangreich sein darf, der Laptop unbedingt dabei sein muss und eine Handtasche ebenso. Wobei allein das Innenleben der Handtasche dank ihres mächtigen Volumens eine Herausforderung für jedes Navigationsgerät ist. Sie haben es erraten, es wird schwierig.

Nun weiß sich frau ja zu helfen, packt schon zwei Tage vorher den Koffer, wuchtet ihn auf die Waage, also nur den Koffer - ich bleibe lieber weg von dem unfreundlichen Ding -, und stellt vergnügt fest: Herrlich, das erlaubte Gewicht ist noch nicht ganz erreicht. Voller

Freude wird ein weiteres Buch in den Tiefen des Gepäcks verstaut.

Am nächsten Tag sehe ich meine bis dahin vernachlässigte Urlaubsliste durch. Jessas, da muss ja noch eine ganze Menge Unverzichtbares mit!!! Also Koffer wieder ausgepackt, einen der Blazer wieder herausgenommen und obendrein schweren Herzens auf ein Buch verzichtet. Außerdem braucht so viele Hosen kein Mensch. Doch vergessen darf man auf gar keinen Fall die diversen Sprays, Cremes usw., was pflicht- und schönheitsbewusst sorgfältig dazugestapelt wird. Der Koffer wird erneut mit etlichen Kraftanstrengungen geschlossen und auf die Waage gewuchtet. Jetzt wiegt er zwar etwas mehr, befindet sich aber wunderbarerweise noch knapp unter der erlaubten Kilo-Grenze. Juchhu – das wäre geschafft.

Nun wird das Handgepäck – sehr sorgfältig - in Angriff genommen. Das braucht zwar nicht gewogen zu werden, aber dafür muss man es selbst tragen und vor allem im Flugzeug auch selber irgendwie unterbringen. Nachdem ich vor Jahren mal eine Familie bestaunt habe, die einen Sonnenschirm als Handgepäck eincheckte (der dann allerdings bei der Ankunft in den Staaten nicht mehr auffindbar war), versuche ich so wenige Stücke wie nur irgend möglich zum Handgepäck zu erküren. Vor allen Dingen würde ich es überhaupt nicht schätzen, wenn womöglich meinem Laptop ein ähnliches Schicksal wie dem Sonnenschirm zustoßen würde. Was auch heißt: Gegenüber meiner sonstigen Fantasie-Begabung halte ich mich in der Zusammenstellung des Handgepäcks in engen, nämlich sehr nüchternen Grenzen.

Eines steht jedoch fest: Jedes Mal wenn ich schließlich an meinem weit entfernten Ziel ankomme, habe ich ungeahnt gestählte Muskeln, von denen ich vorher nicht mal wusste, dass es die überhaupt gibt (oder sie vergessen habe). Ja, ja, das Leben ist manchmal äußerst anstrengend.

Die Sache mit den kleinen Kindern

Vor den nunmehr schon recht häufig zitierten hundert Jahren - als die Kinder noch klein waren, das Auto öfter mal kaputt, obwohl es doch erst dreizehn Jahre alt war - mussten wir aus diversen Gründen ab und zu mal mit der S-Bahn fahren.

Noch dazu war ziemlich oft am Ende des Geldes noch ganz viel Monat übrig, so dass ich manchmal bei den Kindern verschämt eine kleine Anleihe erbetteln musste. Ich weiß, ich weiß, das macht man ja nun wirklich nicht, aber nun denn …

Zu dieser meiner Kinderschar zählte ein unendlich munteres Kerlchen, immer einen flotten Spruch auf den Lippen und an allem höchst interessiert. Nun ja, ich geb's zu – die Ähnlichkeit mit mir war nicht zu leugnen.

So fuhren wir also eines Tages mit der Bahn in die Stadt, der Sohn schielte auf die Notbremse, und ich saß bereits innerlich sprungbereit auf meinem Sitz, als er auch schon mit gerunzelter Stirn fragte: "Was passiert eigentlich, wenn ich die Notbremse ziehe?" Meine lapidare, aber erziehungstechnisch völlig entgleisende

Antwort war: "Dann knalle ich dir eine!" Natürlich hätte ich nie und nimmer die Hand gegen das Kind erhoben, aber zu diesem Zeitpunkt schien es mir die einzige Möglichkeit zu sein, schnell und effizient Schlimmeres zu verhindern.

Vorsichtig lugte ich zu den übrigen Mitreisenden, ob einer mit einer Anzeige wegen angekündigter Kindesmisshandlung drohte. Doch alles, was ich sah, war wohlwollendes, verständnisvolles Grinsen. Kenn sich einer mit seinen Mitmenschen aus.

Wenig später – ich ordne das in eine vorpubertäre Phase des Kindes ein, also muss es so um die zehn Jahre herum gewesen sein - ratterten wir wieder mal zu einem geldknappen Zeitpunkt mit der Bahn gen Innenstadt. Dem Kind war ganz offensichtlich langweilig, und es zückte so nebenbei seinen Geldbeutel und kramte eine Weile versunken darin herum - um schließlich lauthals zu verkünden: "Du kannst dir 26,59 Mark von mir borgen!"

Mit meiner roten Birne hätte ich problemlos den ganzen Zug im Tunnel beleuchten können, aber wir waren Gott sei Dank gerade am Ziel angekommen. In olympiareifem Tempo stürzte ich geradezu auf den rettenden Bahnsteig und versuchte mich und mein Kind unsichtbar zu machen.

Gewirkt hat es. Nie mehr borgte ich mir was bei dem lieben Kleinen. Wer hat da nun eigentlich wen erzogen? Darüber musste ich erst einmal eine lange Zeit nachdenken, um zu der salomonischen Beurteilung zu kommen: Beide hatten wir was gelernt, völlig klar.

Die Sache mit den Büchern

Bücher sind was Schönes. Bücher können einen langweilen, fesseln, zu Tränen rühren, zum Lachen bringen, in eine andere Welt entführen. Bücher sind enorm vielseitig.

Leider komme ich nicht so wahnsinnig viel zum Lesen, obwohl ich mich immer wieder wundere, wie viele Bücher ich in der Zwischenzeit kenne. Für mich ist ein Buch im Übrigen erst dann wirklich gut, wenn ich es ein zweites Mal lesen möchte (und es auch tue).

Meist nehme ich ein Buch mit ins Bett. Ich freue mich den ganzen Abend auf die Lektüre - man wird mit zunehmendem Alter und gleichzeitig zunehmender Weisheit echt bescheiden. Dann reiße ich das Fenster auf und mache es mir mit dem Buch im Bett gemütlich. Zu dem Zeitpunkt bin ich fest entschlossen, mindestens zwei Stunden zu lesen.

Und dann nimmt alles seinen üblichen Gang.

Erst lese ich einen Absatz fünfmal und befürchte nach diesen Wiederholungen, an besorgniserregendem Gedächtnisschwund zu leiden. Ich kann absolut nicht kapieren, was die Autorin/der Autor da eigentlich meint. Also ein weiteres Mal von vorne. Mühselig kämpfe ich mich durch die Zeilen und nehme den nächsten Absatz wie eine Schlacht in Angriff. Aber es gestaltet sich eher zu meinem höchstpersönlichen Waterloo. Erneut krieg ich so gut wie gar nichts mit. Spätestens jetzt beginne ich zu grübeln. Heute Nachmittag war ich doch noch im Vollbesitz meiner geistigen Kräfte? Dummerweise wird das Buch nun langsam schwer, weil meine Arme irgendwie zu kurz geworden sind - und das Nächste, wovon ich wach werde, sind leise Schnarchgeräusche. Entsetzt reiße ich die Augen auf, sollte sich da vielleicht aus Versehen jemand zu mir gesellt haben?! Mehr oder weniger beruhigt stelle ich fest, dass ich selber die Geräuschkulisse verursacht habe. Ich liege platt auf dem Rücken im Bett und halte das Buch so fest in der Hand wie das Gold von Fort Knox. Und schnarche wie ein volltrunkener Holzfäller. So etwas passt ganz und gar nicht zu einer guten Lektüre!

Also beginne ich noch einmal in senkrechter Sitzhaltung mit dem ersten Absatz. Diesmal schaffe ich es bis Ende des zweiten Absatzes, bevor sich mein Blick verschleiert und mein Kopf gen Buch sinkt. Bekanntlich gibt der Klügere (na gut, in dem Fall die Mattere) nach, rutsche erneut in die waagerechte Position, mache das Licht aus und fange an, erst mal wieder hellwach Schäfchen zu zählen.

Aber immerhin habe ich an diesem Abend zwei Absätze geschafft. Wenn ich dieses Tempo durchhalte, bin ich ungefähr im Jahre 2073 mit den tausend Seiten fertig. Der nicht zu unterschätzende Vorteil allerdings ist, dass ich diese Zeit stets gut ausgeschlafen erleben würde.

Die Sache mit der Eitelkeit

Das Älterwerden hat was für sich. Man wird lässiger, nein, nicht nachlässiger, aber effektiv entspannter. In jugendlichen Jahren mangelt es einem in vielen Situationen noch an einem gewissen beruhigenden Selbstbewusstsein. Beispielsweise wäre man nie im Leben freiwillig jemandem gegenübertreten, bevor man nicht tadellos gekleidet und frisiert gewesen wäre. Zwar neige ich auch im jetzigen "Mittelalter" nicht dazu, schlampig herumzulaufen, aber wenn es klingelt, bin ich heutzutage halt nicht zwingend geschminkt oder gar hypergestylt. Doch vor wieder einmal den gefühlten hundert Jahren war das ganz anders. Damals war ich jung verheiratet und Mutter zweier Kleinkinder, was das Vorhandensein einer stets perfekten Frisur manchmal (nein, eigentlich immer) nervenaufreibend gestaltete. Heißt: Es war schwierig, ständig wie frisch aus dem Ei gepellt den Tag zu verbringen bzw. Kinder, diverse Tiere und Haushalt unter einen – selbstverständlich modisch flotten, sozusagen portentief reinen - Hut zu bringen.

Dienstags kam am Nachmittag regelmäßig der Getränkewagen. Das wusste ich natürlich, und ich wusste ebenso natürlich, dass dieses gesamte Unternehmen von einem extrem gut aussehenden jungen Mann ausgeführt wurde. Ab und zu ergab es sich, dass mein Haarwaschtag exakt auf diesen Dienstag fiel. Ein elektrischer Lockenstab oder eine Rundbürste zum relativ schnellen Ausföhnen waren damals noch unbekannt. Also mussten die Haare auf diese kleinen stacheligen Rollen gewickelt werden, durch die jeweils ein Plastikstäbchen gebohrt wurde, das den Wickler mit aller Kraft exakt an dem Platz festzurrte, an dem er zu bleiben hatte. Wenn man die Lockenwickler zu fest angetackert hatte, ergab sich danach manchmal ein gewisses Lifting. Dann hatte man nämlich plötzlich Schlitzaugen, was einem aber – wie ich fand - die total erotisch-exotische Note verlieh. Irgendwie schon was Besonderes … wenn man sich die Lockenwickler wegdachte.

Also Dienstagnachmittag: Meine Haare befanden sich seit ein paar Stunden in ordentlichen Reihen auf den Wicklern. Ich hatte – okay, lediglich exotische - Schlitzaugen und ein Tuch um den Kopf und hoffte inständig, dass meine Haare trocken wären, bis der besagte junge Mann die Getränke brachte. Mein Haar war damals allerdings dick und lang, brauchte also logischerweise reichlich lange zum Trocknen. Die Geduld und vor allem Zeit, diese Trockendauer mit Föhnen abzukürzen, hatte ich nicht. Und es kam, wie es kommen musste: Der niedliche Getränke-Auslieferungs-Fachmann war früher dran als gewöhnlich, er klingelte mindestens eineinhalb Stunden vor der normalen Uhrzeit - und ich sah mit dem Kopftuch über den Wicklern aus, als ob ich emsig mitten in einem riesigen Hausputz steckte. Blitzschnell entschied ich nach dem ersten Klingeln, dass ich so diesem ungemein attraktiven Menschen auf gar keinen Fall gegenübertreten könne.

Was sich dann abspielte, könnte man eigentlich zu einer olympischen Disziplin ausarbeiten und anmelden: Kopftuch runter, Stäbchen in fliegender Hast aus den Wicklern gefummelt, geflucht, weil sich natürlich die Hälfte der nun lockeren Wickler in meinem langen, noch feuchten Haar verhedderte, hektisches Aufstöhnen, weil es zum zweiten Mal klingelte, weiter an den Haaren herumgerissen, dann endlich alle Wickler herausgerupft, das dritte Klingeln mit bebenden Fingern versucht zu ignorieren, um stattdessen diese zerzauste Angelegenheit auf meinem Kopf irgendwie zu einer – sicher höchst gewöhnungsbedürftigen - Frisur zu stylen …

Kurz bevor der junge Mann weiterfahren konnte, schaffte ich es, die Treppe hinunterzurasen, seinen Wagen rechtzeitig zu stoppen und ihn noch einmal zum Aussteigen zu bewegen. Nicht sehr begehrenswert keuchend orderte ich für den Gatten einen Kasten Bier und für mich einen Kasten Limo. Auf den ich mich übrigens reinen Herzens freuen konnte, denn damals waren mir Kalorien noch völlig egal. Selbstverständlich überhörte ich das vorwurfsvolle "Ich dachte Sie wären nicht da!", überlegte, ob ich da trotz der Irritation ein anerkennendes Funkeln in seinen samtbraunen Augen entdeckt hatte, bezahlte jedoch ohne eine dementsprechende definitive Erkenntnis und stiefelte leicht erschöpft wieder nach oben. Das war noch einmal glimpflich ausgegangen. Wenigstens würde er mich in frisch frisierter Erinnerung behalten, wenn auch unter Atemnot leidend. Allerdings ging nun die ganze Arbeit wieder von vorne los. Also erneut Lockenwickler rein, mittels der Stäbchen die Schlitzaugen wieder hergestellt, Kopftuch drüber und geduldig gewartet, bis die Haarpracht endlich getrocknet sein würde.

Diese Art der Vorstellung – ich muss es aus heutiger Sicht mit breitem Grinsen gestehen - habe ich nicht nur einmal veranstaltet. Es war zwar jedes Mal höchst anstrengend, doch damals war ich der Meinung, ein perfektes Äußeres der Menschheit im Allgemeinen und Besonderen schuldig zu sein.

Inhaltsverzeichnis:

Karin Kirwa
Bommel fängt den Ostereierdieb
Neue Abenteuer
Zum Lesen und vorlesen (ab 2 Jahren)
Mit zahlreichen Abbildungen
Im Buchhandel erhältlich oder bei BoD
ISBN 978-3-8391-6510-2
Paperback, 120 Seiten, € 9,90
www.bommel-und-mehr.de